Hanna Kiel

Die Schlacht um den Hügel

*Hanna Kiel, 1937*

Hanna Kiel

# Die Schlacht um den Hügel

## Eine Chronik aus Fiesole im August 1944

AvivA

# Inhalt

*San Domenico*

# Vorbemerkung von Hanna Kiel

»Die Schlacht um den Hügel« ist keine Erzählung, sie ist eine Chronik. Sie umfasst die Tage vom 3. August bis zum 2. September 1944 und schildert aus dem Krieg in Italien und dem Kampf um Florenz jene Spanne Zeit, in der die deutsche Nachhut sich zum ersten Mal wieder nach dem Fall von Rom in einem strategisch günstigen Gelände – und zwar in den Florenz von Norden her beherrschenden Hügeln von Fiesole – festsetzte, um Zeit zur Vorbereitung des Winterstellungskrieges im Appenin zu gewinnen.

Dieses schmalsattlige Hügelmassiv von Fiesole, zweikuppig wie das Doppelgehörn des Viertelmondes, der das Stadtwappen ziert, ist seit Jahrtausenden historischer Boden, es war Etruskerfeste und blühende Römerstadt. Für die jüngere, neidische Schwester Florenz blieb Fiesole bis in das zwölfte Jahrhundert hinein so schwer einnehmbar wie im Sommer 1944 für die alliierten Armeen – nachdem seit mehr als vierhundert Jahren kein Krieger mehr seinen Fuß auf seine gen Süden blickenden Weingärten und Ölberge gesetzt hatte.

Der östliche Buckel des Monte Ceceri verebbt in sanfter werdenden Wellen in Richtung Maiano und Settignano. Auf der westlichen Anhöhe liegt das Franziskanerkloster, hier senkt sich der Fels in schroffem Gefälle über Fontelucente zum Mugnone hin, der sich, eine Schlucht bildend, sein Flussbett zwischen der Felswand und dem Monte Rinaldi ausgewaschen hat.

Dieser Engpass war von jeher Einfalls- und Ausfallstor von Florenz. Hier steht die Badia, wahrhaftes Kastell, Kloster und erste Kathedrale von Fiesole. Später, nach Brunelleschis Entwurf erneuert, war sie der Lieblingsaufenthalt des alten Cosimo, Sitz von Lorenzos platonischer Akademie, dann Klosterschule und während der Schlacht um den Hügel Zuflucht für mehr als vierhundert Menschen und einer der engeren Schauplätze dieses Berichtes.

Es ist keine vollständige Chronik, sofern eine Chronik überhaupt vollständig sein kann. Sie greift Erlebnisse heraus, Randgeschehnisse könnte man meinen, wie sie in Italien nach dem September 1943 überall in gleicher Weise wehrlos und sinnlos erduldet wurden. So steht des einen Leid als Zeichen des Leidens der vielen, dadurch wird, was einmalig war, zum Symbol für aller Erleben, das erinnert zu werden verdient. Es wird zum lebendigen Zeugnis dafür, dass im Kampf des Unfrommen gegen den Gläubigen das Herz stärker ist als das Schwert, auch wenn es dem Schwert erliegt.

Was diese Chronik schildert, ist ohne Ausnahme erlebt und gesehen. Nur auf Wunsch wurden die Namen der handelnden Personen geändert oder verschwiegen. Sogar die Gespräche wurden so, wie sie hier stehen, geführt. Nie werde ich den Dank abtragen können für das, was die Menschen dieses Landes als Wesentliches zu diesem Bericht beitrugen: das unvergessliche Erlebnis ihrer Menschlichkeit.

*Le Palazzine, im Sommer 1946*
*H. K.*

# Die Schlacht um den Hügel

Am Morgen, nicht lange nach Tagesanbruch, kommen drei Frauen aus der Stadt herauf, Dienstleute aus dem Haus meiner Freunde, um Obst und Gemüse beim Bauern zu holen. Die Zufahrt von Süden her ist gesperrt, von dort rücken die Truppen näher. Die Straße zu unserem nördlichen Hügel indessen liegt noch frei, und das Land steht in selten üppiger Fülle.

Es hat ungewohnt viel geregnet in den vergangenen Wochen, keine heftigen Wassergüsse, keine schnellen Gewitterstürze, die das Korn flach schlagen und das Obst grün von den Bäumen reißen, der Regen war weich sickernd, warm und stetig gefallen. In den Zisternen stieg das Wasser bis zum Rande, den Himmel spiegelnd wie sonst nur im März.

»Ein Segensjahr hätte das werden können, eine Ernte wie nie«, seufzt der alte Bauer, während er den Frauen die prallen Tomaten, die hellen Salate, die Samtpfirsiche in die Strohtaschen packt, »und stattdessen wird es ein Jahr des Unheils«.

Er hebt den Frauen die vollen Netze über die Schulter, sie biegen die Rücken krumm und setzen die Füße, nur mit Korksandalen bekleidet, vorsichtig zwischen die Steine des Feldwegs, auf dem sie zu Tal steigen.

Jenseits der Stadt auf den Höhen über dem Arnotal sieht man vereinzelte Waldbrände, von den Artilleriegeschossen entfacht.

Ich nehme den Pfad den Weinberg hinauf. Aus den Gräben längs der Lorbeerhecke grüßen Männer, sie recken ihre bärtigen Köpfe gegen das Morgenlicht und wünschen mir einen guten Tag. Es sind nie weniger als sechs, meist aber sind es zehn oder zwölf, die sich auf diesem Gelände hinter Rebenhängen und immergrünem Gesträuch verbergen, um nicht gejagt, gefangen, verschleppt zu werden. Sie bleiben nachts im Freien, damit sie stets sprungbereit sind für die Flucht, und in den langen Stunden des Tages bewegen sie sich aus dem Schatten zur Sonne, aus der Sonne zurück in den Schatten und so fort im Wechsel, je nach Wärme und Tageszeit, und langsam kauend essen sie, was ihnen die Frauen an kärglichen Bissen bringen. Sie sitzen und lassen ihre Bärte wachsen, sonst tun sie nichts, und diese Bärte und ihre verknitterten Kleider geben ihnen ein elendes und beinahe wildes Aussehen. Nur der Verwandte der Bauern, der selber Bauer im unteren Arnotal ist, hält etwas auf sich und macht sich zu schaffen. Er flicht Körbe in allen Größen, tagaus, tagein aus rötlichen Weidenruten mit weißen Streifen als Schmuck. Auch ein Pferd hat sich eingefunden, ein großer Brauner, der jetzt reichlich frisches Grün frisst und Wasser in allen Trögen findet. Sein Fell glänzt warm in Kupfertönen, ich klopfe ihm im Vorbeigehen den Hals.

Da sehe ich die Männer sich niederducken und mit gestrecktem Finger ins Tal hinab deuten, durch das der Mugnone der Stadt zufließt und die Faentiner Straße sich aschgrau windet, die sonst weiß wie Kalk war. Ohne Staubfahnen rollen auf ihr die Panzerwagen zur Futa, und ohne Staubfahne biegt jetzt ein Lastauto um die Kehre der Brücke und bremst knirschend.

Männer mit Nagelschuhen springen ab, mit jenen dicht benagelten Schuhen, an deren Klicken man den deutschen Schritt von weitem erkennt. Mit den Schritten zugleich erhebt sich Geschrei. Immer folgt das eine unmittelbar auf das andere, nicht anders als im Soldatenmarsch Querpfeife und Trommel zusammengehen, erst hört man die harten klickenden Schritte, dann die Rufe: »Hilfe! Hilfe!« »Mein Mann!« »Mein Sohn!« »Mein Vater!« »Mein Mann!« »Mein Sohn!«

Eine weißhaarige Frau keucht schreiend den steilen Geröllhang von der Mugnoneschlucht herauf, ruft um Hilfe vor meinem Haustor.

Man hat eine Reihe von Männern ergriffen, nur weil sie liefen, als die Nagelschuhschritte vernehmbar wurden, Männer, die noch kein Versteck gefunden hatten, die über die nackte Straße hinweg zum nächsten Felsloch, zum nächsten Strohschober gelangen wollten. Unter der Jagdbeute dieses Morgens ist auch der an Fallsucht leidende Neffe der Wäscherin, die vor meinem Haustor schluchzt.

Ich folge ihr, die atemlos rennt, über Fontelucente zur Bahn hinunter und die Straße entlang bis zum Bahnwärterhaus vor der Pulvermühle, aus dessen oberem Fenster die gefangenen Männer blaulippig mit verhängtem Blick in den nun hell aufbrechenden Augustmorgen starren.

Unten im Werkraum sitzen drei Burschen mit kurzen Hosen und im offenen feldgrauen Hemd mit strammen, haarigen Beinen.

»Der Bursche hat also die Fallsucht? Gibt es dafür ein ärztliches Zeugnis?«

Ich reiche ihnen die Papiere, die mir die Frau in die Hand gedrückt hat.

»Und warum ist er dann ausgerissen? Wer ausreißt, hat ein schlechtes Gewissen, steht in Verbindung mit Partisanen, ist vielleicht sogar selber einer.«

»Oder gelten wir hier etwa als Kinderschreck?«

»Als Männerschreck, Frauenschreck, Kinderschreck, als der allgemeine Menschenschreck«, sage ich, woraufhin alle drei laut und zustimmend lachen, sichtlich zufrieden ob ihrer Macht.

Ich soll um zwölf Uhr wiederkommen und meinen Fallsüchtigen abholen, der ohnedies zum Schippen nicht taugt. Um zwölf wird der Kommandant zurück sein, der inzwischen noch ein paar vermeintliche Missetäter hascht.

Vor dem Gatter warten schluchzend die Frauen, sie folgen mir den Steg zur Pfarrei hinauf, die wie eine kleine Feste über den Felsenquell – er gab ihr den Namen Fontelucente – an die Gesteinswand gebaut ist. Ehe wir den höchsten Punkt erreichen, stoßen wir auf den jungen Prior, er ist umringt von anderen, die jammern und schluchzen. Ich gebe ihm das Papier des Arztes und bitte ihn, im Fall, dass ich verhindert sei, den Burschen um zwölf in Empfang zu nehmen.

Unter der Loggia meines Hauses warten ein geistlicher Lehrer vom Kolleg der Badia und ein Tiroler Student auf mich. Sie haben beide ein wenig erhitzte, ja verstörte Gesichter.

Auf der Suche nach Missetätern ist der bewusste SS-Kommandant auch in das Kolleg eingedrungen, hat einen Wasser schöpfenden Mann vom Ziehbrunnen weg verhaftet, den

Tiroler Studenten, der dolmetschend zu vermitteln suchte, als Überläufer gebrandmarkt und ihm nur als außergewöhnliche Gnade bis um vier Uhr Zeit zum Packen seiner Habe bewilligt. Stellt er sich nicht pünktlich zum Abtransport nach Norden ein, wird er erschossen.

Mein Haus, kaum mehr als fünfhundert Meter von der Badia entfernt, liegt als Versteck für ihn zu nahe. Ich schreibe ein paar Zeilen an eine alte amerikanische Freundin, damit sie ihn bei sich aufnimmt, und während ich noch schreibe, klopft die Frau des vom Ziehbrunnen weg verhafteten Klempners, schiebt mir, kaum dass ich öffne, ihre zwei Buben zu.

Hatte ich nicht immer mit ihnen gescherzt, wenn ich sie am Kreuzweg spielen sah? Könnte ich ihr nicht um dieser Buben willen helfen, dass man ihr den Mann frei gäbe?

»Ida, ich kann nicht … Wenn der Kommandant mich sieht, packt er mich dazu und es ist keinem geholfen.«

»Ich werde ihm meine Jungen bringen«, erklärt Ida mit verzweifeltem Mut. »Er hat bestimmt Kinder gern, jeder Mann hat Kinder gern, und vielleicht hat er selber welche und lässt meinen Mario frei.«

Ich wage nicht, sie in ihrer Hoffnung zu bestärken. Auf meine zweifelnden Einwände sieht sie mich mit leeren, schwimmenden Augen an, ihr einfacher Muttersinn versteht mich nicht.

Um zwölf Uhr wird der Fallsüchtige freigelassen. Um eins schallt eine Stimme vom Tal herauf: »Die Deutschen sprengen den Eisenbahntunnel!«

Die letzten Silben gehen bereits unter im Explosionsgetöse. Das Haus schwankt wie in einem starken Beben. Scheiben klirren, geschlossene Türen und Fenster splittern aus ihren Rahmen.

Um drei Uhr wird der Belagerungszustand über Florenz verhängt. Der Wirtssohn von der Badiabrücke bringt die Kunde nebst Flugblatt. Gegen fünf nimmt ein Wachposten der SS vor der Badia Aufstellung, um den Tiroler Studenten abzufangen. Nicht lange danach pfeifen die ersten schweren Granaten von den jenseitigen Hängen des Arnotals gegen den Monte Rinaldi und in die tiefer gelegene Mugnoneschlucht. Die Frauen flüchten mit Lebensmitteln und Notgepäck in den Luftschutzbunker, der auf halber Hügelhöhe unter der Zufahrtstraße in den Berg hinein gebaut ist und kommen für Stunden nicht wieder zum Vorschein. Auf dem Geviert vor der Badia im Schatten der Linden nahe der Mauerbrüstung wartet der Posten.

Die Nacht sinkt.

Wir sind seit zwölf Tagen ohne Wasser und ohne Licht und ich steige wie jeden Abend in den unteren Garten hinab, um ein nächtliches Bad im Springbrunnenbecken zu nehmen. Ich liege lange darin ausgestreckt, rieche Erde, feuchtes Grün und Olivenstämme. Das Wasser ist lau und frisch zugleich. Der Mond steht hoch, wirft ein gelbes, warmes Sommermondlicht. Es ist der Abend vor Vollmond. Frösche quaken, Zikaden zirpen vom breiten Geäst der Zeder, über die hinweg zischend Geschosse gegen den Fels des Berges fliegen. Von den Hügeln jenseits des Arno schallt das Gedröhne der Schlacht herüber, man sieht an allen Ecken die Mündungsfeuer blitzen.

Es ist eine unruhige Nacht. Ich liege noch wach, als es Mitternacht schlägt. Aus unruhigem, kaum begonnenem Schlaf schreckt mich ein Schlag gegen das Haustor auf. Die Leuchtzeiger des kleinen Weckers zeigen auf drei, drei Uhr Sommerzeit. Es ist also tatsächlich erst zwei. Mehrere Male hämmert der Eisenring gegen den metallenen Knauf, eilige Schritte huschen unten über den Kies. Ich springe auf und trete ans Fenster …

»Soldaten sind da, stehlen unsere Wäsche!« rufen die Mädchen vom Nachbarhaus mit durchdringendem Flüsterton zu mir herauf.

»Ich komme.«

Ich gehe in das Zimmer zurück, taste nach meinen Kleidern, ziehe mich mit klammen Fingern an. Man sucht also den Tiroler Studenten. Ich frage die Mädchen, ob die Soldaten Haussuchung halten.

Nein, die meisten haben sich gleich schlafen gelegt, sie sind offenbar von weither zu Fuß gekommen, nur zwei oder drei haben Räder, aber alle sind mit Revolver und Maschinenpistolen bewaffnet. Sie haben die Familie aufstehen lassen, auch den Professor und die größeren Kinder, um die Betten für sich frei zu bekommen.

Die Matratzen liegen auf dem nackten Boden. Ich sehe die Burschen darauf hingerekelt, den Kopf hintenüber mit offenen Mündern schlafend. Nur einer, ein Vizefeldwebel, hockt breitrückig gegen die Mauer, halb nackt, nichts als die Schnur mit der Erkennungsmarke auf der fleischigen Brust. Die Zigarette hängt ihm brennend im schmalen Lippenbogen und streut Asche auf seine Haut und auf das lockige Brusthaar.

Nebenan im flackernden Kerzenlicht sitzt der Kommandant, ein Oberfähnrich, außerdem ein blonder Junge, der Feldwebel ist. Um sie bemüht sich der älteste Arztsohn mit seiner Briefmarkensammlung, die er ihnen in bravem Schuldeutsch zu erklären versucht. Sie hängen in ihren Stühlen, unbewegt, wie taub, heben kaum die Lider, als ich eintrete, und ehe ich noch den Mund auftue, kommt noch einer im Tarnkittel, den Stahlhelm tief über den Augen.

»Reine Luft«, sagt er mit unverfälschtem ostpreußischem Akzent. »Reine Luft«, echot der Oberfähnrich, »dann wird eine Runde geschlafen. Los!«

Meine Fragen nach dem Woher, Wohin und Wielange überstürzen sich.

»Wir melden uns, wenn es hell wird«, lautet die Antwort.

Sie kommen, als es dämmert, der Oberfähnrich, der blonde Feldwebel, dem der Riemen der Maschinenpistole das braune Hemd von der Schulter zieht, und der Vize. Zwei von ihnen haben Stöcke bei sich, mit denen sie ständig durch die Luft oder gegen ihre Stiefelschäfte schlagen. Sie werfen einen Blick in Haus und Loggia und ein wenig schleppend gehen sie an die Terrassenbrüstung, setzen besitznehmend einen Fuß auf die niedrige Mauer.

»Hierher legen wir die H. K. L. ...«, sagt der Oberfähnrich und peitscht mit dem Stock gegen den bröckligen Stein. »Also alle Mann her, was hier kreucht und fleucht, und an geschützten Ecken bis ins Tal hinunter Stellungen graben!«

Ich weise darauf hin, dass Florenz zur offenen Stadt erklärt ist und dass unser Hügel zum Stadtbezirk gehört und innerhalb der bewussten Sieben-Kilometer-Bannzone liegt.

»Hat der Tommy das anerkannt?« fragt der Oberfähnrich und kneift die Augen klein.

»Es gibt eine taktische Form der Anerkennung, eine stillschweigende Zusage«, sage ich.

»Uns zu still«, lacht der Vize auf, »für uns viel zu still.« Er hebt seine prallen Hände wie zu einem Fernglas geformt vor die Augen.

In der gleichen Sekunde bricht in der Stadt unten die Erde auf. Dröhnend werden Steine und Mörtel wie aus Kratern turmhoch, himmelhoch geschleudert, erst links, dann rechts von der Kuppel des Domes, sie hüllen die Stadt in Schwefelwolken, decken sie zu mit Höllenstaub.

Mein Gott, sie sprengen die Arnobrücken! Ich beiße die Zähne zusammen und schon fliegen, am Ponte Rossa beginnend, auch die Brücken des Mugnone in die Luft und als letzte, hart unter uns, die alte Bogenbrücke der Badia.

Schutt und Trümmer wirbeln bis zu uns herauf, Häuser krachen, als wollten sie bersten. Im Tal schreien Frauen und Kinder; wo noch Vieh in den Ställen steht, fängt es an zu brüllen, alle Hunde der Nachbarschaft bellen, heulen wie besessen.

»Besser konnten wir das gar nicht finden«, schmunzelt der Oberfähnrich, »von hier aus legen wir ganz Florenz spielend in Schutt und Asche«. Er wendet sich zu mir. »Und jetzt wird schnell und ohne Gewinsel der Hügel geräumt, alle Zivilisten ziehen nach Norden.«

Ich erkläre ihm, wie viele Menschen wir sind, wie viele Frauen, alte Leute, unmündige Kinder, die für eine kämpfende Sturmtruppe ein Hemmschuh wären, nichts als Ballast bedeuten würden. Nach quälendem Hin und Her gibt er zum Scheine nach, heuchelt Einsicht.

Als die drei außer Hörweite sind, laufe ich zu der versteckten Zisterne neben dem Zitronenhaus. Der Steindeckel ist einen Spalt offen. Mein Gärtner ist dort unten versteckt mit seinem militärpflichtigen Sohn, dazu der Fahrer und der Gärtner des Arztes sowie ein Sohn vom Nachbarbauern, der von der deutschen Flak desertiert ist. Sie haben schon vor Tagen einen kleinen Vorrat an Brot, Wein und Öl und ein paar Decken in die Zisterne hinuntergelassen. Der Deckelspalt kann sie verraten, schließt man die Öffnung, müssten sie ersticken.

»Kommt herauf«, flüstere ich, »es ist nicht die SS, es sind die Fallschirmjäger, sie suchen Männer zum Graben auswerfen.«

Der blonde Feldwebel kommt zurück, er begleitet mich fortan auf Schritt und Tritt.

»Sie müssen Wertsachen in Sicherheit bringen«, sagt er gedämpft, »kleine Gegenstände meine ich, die in Fallschirmjägertaschen verschwinden könnten. In der Kampflinie gelten keine Gesetze gegen Plünderung. Trinken würde die Burschen unfähig machen, wir lassen sie lieber Räuber spielen, um sie in Schwung und bei Laune zu halten, trotz des Totenscheins, den sie alle in der Tasche tragen.«

Er geht mir nach in die Bibliothek, überfliegt mit raschem Blick die Bücherreihen.

»Deutsche Klassiker«, seufzt er, »deutsche Gedichte … Hier zwei Wochen sitzen können und noch einmal deutsche Klassiker lesen.«

Seine Augen werden blank, sie sind wasserblau unter weißblonden Wimpern und Brauen in einem blassen, von Müdigkeit durchfurchtem, fast noch kindlich-jungem Gesicht.

»Sie lächeln spöttisch«, sagt er, »Sie trauen uns nicht?«

»Lächelte ich …?«

Ich schaue zu Boden, sehe, dass auch er ein wenig hinkend geht. »Ja, unsere Füße«, sagt er, »dieser Spaziergang von Kreta bis nach Florenz …«. Er zeigt auf das schwarze Kreta-Band, das die meisten von ihnen um den Ärmel tragen. »Das heißt, Kreta war ja eine Wasserpartie, aber von Cassino bis hier herauf nach Fiesole ist auch ein gutes Stück Weg.«

Er wählt sich den Holzkeller als bombensicheres Quartier und lässt Divane hinunterschaffen. Inzwischen werden draußen Bäume gefällt, Gräben geschaufelt, Mauern gesprengt, Maschinengewehre aufgebaut. Die Familie des Professors trägt Koffer und Decken, die Bauern, die Eltern des Fahnenflüchtigen, schleppen Kisten und Bündel in das Kellergeschoss einer tiefer gelegenen Villa.

Eine Bäuerin aus dem oberen Tal hinter dem Pian di Mugnone verlangt mich zu sprechen, will mir ein wichtiges Dokument vorlegen.

Mit scheuem Seitenblick auf die Soldaten öffnet sie die oberen Blusenknöpfe und aus einem Leinwandsäckchen, das sie zusammen mit einer Marienmedaille um den Hals trägt, nestelt sie ein zerknittertes Blatt Papier hervor, bemüht sich, es mit ihren von der Arbeit rissigen Händen glattzustreichen, ehe sie es mir zu lesen gibt.

»Der Offizier hat mir ausdrücklich gesagt, ich darf nicht die letzte Truppe verpassen, die Letzten tragen die Kasse mit sich.«

Ich greife den Schein, und während ich lese, fühle ich den Blick der Frau auf mir ruhen. Es ist ein stiller, vertrauender Blick aus braunen Augen, die unten von dunklen Ringen gerahmt sind.

»Sie haben meinen Mann doch nach Norden gebracht, und als sie kamen, um die Kuh zu holen, sagte ich dem Leutnant, dass mein Mann in Deutschland ist. ›So‹, sagt er, ›Dein Mann ist in Deutschland, das ist allerdings etwas anderes. Ich kann Dir zwar Deine Kuh nicht lassen, doch Du sollst sie bezahlt bekommen und gut bezahlt, damit Du Dir außer einer neuen Kuh noch etwas obendrein kaufen kannst. Ich habe gerade kein Geld bei mir, unser Zahlmeister ist nicht da, aber ich gebe Dir eine Bescheinigung, wenn Du die vorzeigst, bekommst Du Dein Geld, wann immer Du willst. Nur gib acht, dass Du nicht die letzte Truppe verpasst, die die Kasse forträgt …‹ Er hat mir selber die Quittung geschrieben und mir bei meinem Namen die Hand geführt«, sie entblößt verlegen lächelnd ein paar schadhafte Zähne, »ich habe wenig Übung im Schreiben.«

Der Zettel trägt einen unlesbaren Stempel, dazu die Worte: »Die Bäuerin Jolanda Galli darf den ganzen Sommer barfuß laufen. Gez. K. u. K. preußischer Fahnenjunker Hermann der Starke.«

Es ist eine schräglaufende Beamtenschrift, nur der Name Jolanda Galli ist mit steiler und nicht ganz sicherer Kinderhand eckig geschrieben.

Ich rolle das Papier ratlos zwischen den Fingern.

»Das sind doch die Letzten?« fragt die Bäuerin und schaut zu den Soldaten hinüber, die sich unter der Zeder mit ihrem Maschinengewehr wichtig machen.

»Hoffentlich«, sage ich, »sind es die Letzten ... Aber Geld haben sie keines, sie nehmen sich alles, was sie brauchen, von uns.«

»Also bin ich doch zu spät gekommen«, bricht die Bäuerin jammernd los. »Ich hatte Angst, mir das viele Geld ins Haus zu legen, und ich hatte Angst, gleich eine neue Kuh zu kaufen, weil man sie mir wieder genommen hätte ... Und nun bin ich zu spät! Lieber Herr Jesus, warum bin ich zu spät ...!«

»Du bist nicht zu spät«, sage ich. »Dieser Zettel taugt nichts, ist ein böser Scherz, Lug und Trug.«

»Betrug ...?« sagt sie und ihre Stimme wird flach und tonlos, »und mit diesen freundlichen blauen Augen ... und ich habe ihm Wein gegeben und ihm ein Kaninchen geschlachtet und gebraten zum Dank ... Gott soll ihn strafen.« Sie wankt hinaus. »Gott wird ihn strafen.«

Ich glätte das Blatt und lege es zwischen die Seiten meines Tagebuches.

Die Frauen werden zum Kochen gerufen. Zwei der Soldaten gehen ihnen zur Hand, geben Anweisungen wegen Menge und Zubereitung. Ehe die Mahlzeit fertig ist, beginnen wieder Granaten zu pfeifen, schärfer jetzt, in kürzerem Abstand, und die Frauen flüchten in ihren Bunker. Sogar die Soldaten tragen ihren gedeckten Tisch aus der Loggia in die Eingangshalle.

Ich schleiche mich zur Zisterne hinüber.

»Kommt herauf«, dränge ich. »Wenn sie Euch finden, werdet Ihr als Partisanen erschossen und wir alle mit. Ihr müsst nach euren Frauen im Bunker sehen, die vor Angst umkommen.«

Da krauchen die drei Verheirateten einer nach dem anderen ans Tageslicht.

Das Haustor schlägt, ich höre Stiefel klicken und eine fremde Stimme. Ein Offizier, vom Oberfähnrich, vom Vize und vom Feldwebel gefolgt, nimmt das Haus in Augenschein. Er ist groß und erstaunlich gepflegt gekleidet und hat eines jener glatten, gut geformten Gesichter, wie sie im Frieden einer bestimmten Gattung von Diplomaten gleichen.

Der Oberfähnrich spricht leise zu ihm.

»Offene Stadt …«, höhnt der Gast, »das wäre ja gelacht …«.

Er hat auf seinem Rundgang den Oberstock und mein Schlafzimmer erreicht, lehnt sich, die Ellbogen auf das Fenstersims stützend, hinaus, und blickt über das weite von Sprengstaub vernebelte Tal.

»Einfach vollkommen«, lacht er mit einer Reihe makelloser Zähne, »schlechthin vollkommen! Der Turm da drüben«, er weist nach links auf den Glockenturm der Badia, »wird Beobachtungsposten und auch das Kastell dort«. Er zeigt auf die Villa Salviati, die den rechten Talhang beherrscht.

»Und vor Abzug natürlich alles sprengen, wäre sonst dem Tommy zu nützlich.«

Er reckt sich, schreitet vor seinem Gefolge zurück in die Halle hinunter, sieht durch mich hindurch, als wäre ich Luft.

Ich bleibe hinter der Treppenbiegung stehen und höre ihn reden.

»Also niemanden nach Norden verschleppen ... Zivilisten sind nur ein Klotz am Bein, ich kann keine Kugeln an sie verschwenden, wenn sie uns hinderlich werden.«

Als sie zu essen aufgehört haben und Zigarettenrauch die Luft durchzieht, steige ich die Treppe ganz hinunter.

»Ich möchte von Ihnen die Zusicherung haben«, sage ich zu dem Offizier gewendet, »dass wir unbehelligt hier bleiben können. Ich bürge für meine Leute.«

Er hört mich nicht, sieht mich nicht, erzählt ausführlich eine komische Geschichte, die ich bereits kurz zuvor von meinem Lauscherposten aus gehört hatte und über die seine Tischgenossen erneut mächtig und albern lachen, als kennten sie sie noch gar nicht. Je niedriger im Rang, um so eifriger lachen sie. Einer hält sich sogar die Rippen.

»Ich möchte von Ihnen die Zusicherung haben«, wiederhole ich, als das Gekicher abebbt.

Er hebt lässig die Linke und schaut auf seine Armbanduhr bester Schweizer Herkunft.

»Es ist zwei Uhr fünfzehn«, sagt er mit ebenmäßiger Stimme. »Bis drei Uhr ist der Hügel geräumt.«

Ich wiederhole meine Einwände vom Morgen, meine Worte überstürzen sich, ich rede und rede, er schweigt, schaut gelangweilt auf seine Armbanduhr.

»Ich gebe Ihnen bis fünf Uhr Zeit.«

»Doch nur diese Häuser«, frage ich, »das des Arztes und meines, nicht die weiter unten im Tal …?«

»Diese und die weiter unten im Tal …, alle.«

»Alle …?«

»Alle«, wiederholt er mit verbindlich zufriedenem Lächeln und zeigt seine weiße Zahnreihe, »ich komme gegen Abend zurück.«

Ich stolpere in den Kohlenkeller, sinke auf eines der Feldwebelsofas. Vor mir auf dem Klotz zum Holzspalten neben der eingeklemmten Axt steht eine Korbflasche mit Wein, liegt ein Laib Brot, und es fällt mir ein, dass ich außer einem Kaffee am frühen Morgen noch gar nichts zu mir genommen habe. Ich trinke einen Schluck aus der Flasche, essen kann ich nicht, und mache mich auf den Weg mit meiner Hiobsbotschaft.

Inzwischen haben in der Faentiner Straße, aus dem Häuserbogen unten am Fluss und aus den Villen längs der alten Fiesolanersteige allgemein Aufbruch und Flucht begonnen. Die meisten suchen Schutz im Kolleg der Badia. Die kinderreichen Armen aus Fontelucente und die aus der Cava am Fuß des Hügels flüchten sich in die Keller unter der Straßenkurve hart am Kiesbett des Flusses. Es werden notdürftig Lager für Frauen, Kinder und die alten Leute geschaffen. Alle jüngeren Männer verschwinden in Verstecken. Nur der Fallsüchtige, der einen Befreiungsschein hat, wagt es, bei seiner Familie zu bleiben. Die anderen leben in leeren Dunggruben, in einer feuchten Höhle, die der Mugnone während der Herbst- und Frühjahrsregen in den Felsgrund gewaschen hat, in einem durch Erdrutsch verschütteten, kaum zugänglichen Steinbruch, in den Sakristeischränken, unter dem Altar von Fontelucente und in einem lichtlosen Spalt über dem Felsgewölbe, aus dem jene lichte Quelle entspringt, die Ort und Kirche den Namen gab.

»Und wir«, jammern die Frauen im Bauernhof. »Wohin sollen wir uns flüchten …?«

»Fangt an zu packen« sage ich, »wartet ab, ich will es noch einmal versuchen.«

Ich finde den Feldwebel vor dem Kamin beim Kartenspiel mit einem anderen blonden Soldaten, der breiter, reifer, munterer im Gehabe ist, ein Oberjäger von Rang.

»Wir sind mehr als hundert«, beginne ich wieder. »Wohin sollen wir gehen? Florenz ist im Belagerungszustand, wir finden weder Wasser noch Brot noch ein freies Bett.«

»Mit einem guten Fernglas würden Sie sehen, wie viele Leute im Freien kampieren«, sagt der Oberjäger.

Die beiden wechseln Blicke und erheben sich.

»Wir werden den Oberfähnrich fragen.«

Sie kommen zurück, ich weiß nicht, ob nach Minuten oder Stunden, mit dem Bescheid, dass wir wählen könnten, entweder bis fünf Uhr zu verschwinden oder zu bleiben. Wer bleibt, darf sich nicht aus dem Winkel rühren, den er als Unterschlupf gewählt hat, selbst wenn die Gefahr bestände, dass ihn die Schlacht in Stücke reißt. Wer bleibt, muss mithalten bis zum letzten. Die genaue Zahl ist anzugeben, wie viele beim Bauern sind, wie viele im Bunker, wie viele im Keller der unteren Villa, und es darf keine Verbindung zwischen den einzelnen Gruppen bestehen. Ich soll im Haus bleiben.

»Eine Frau im Haus ist immer praktisch für alle Fälle«, lacht der Oberjäger.

Ich fliege den Hügel hinab mit meiner Kunde, zum Bauernhof, zum Bunker, zur Villa unten. Alle entscheiden sich zu bleiben.

»Ich wäre ohnedies nicht gegangen«, sagt der alte Bauer. »Ich schlafe im Stall bei meinem Vieh, und wenn das Vieh stirbt, sterbe ich auch.«

Zwei Volltreffer prasseln nahebei in die Tenne. Die Steine fliegen.

»Auf den Bauch«, ruft der junge Bauer und stößt mich zu Boden.

»Immerhin, solange man die Granaten noch pfeifen hört, ist die Gefahr nicht so groß. Übrigens, das Schießen bringt Regen.«

Er weist zum Himmel, wo ein Gewitter aufzieht und schwarzes, schweres Gewölk sich ballt, das vorzeitige Dunkelheit bringt.

Ich erreiche das Haus mit den ersten prasselnden Tropfen.

»Dreiundfünfzig im Keller der Villa, neun im Bunker, achtundzwanzig im Keller vom Bauernhof«, berichte ich atemlos.

»Ich bedaure«, sagt der Feldwebel mit Achselzucken, »Sie müssen auch fort, und zwar gleich, der Hauptmann kann jeden Augenblick kommen.«

Jetzt erst begreife ich ihr listiges Spiel; es war mir in der Aufregung des Tages entgangen, wie sie mit Befehlen und Gegenbefehlen uns an klaren Entschlüssen, am Packen, am Vorsorgetreffen zu hindern verstanden. Ich habe nun niemanden, der mir hilft. Es ist nahezu nachtfinster im Haus. Draußen prasselt der Regen, stürzt in Strömen vom Himmel. Ich werfe das Nötigste in eine Handtasche, mit dem Feldwebel und dem Oberjäger dicht auf den Fersen.

»Genug, genug«, mahnt mich der Kleine. »Es wird sonst zu schwer. Warum soviel Umstände für ein, zwei Tage …?«

Ich klemme ein Brot unter den Arm, nehme die Bibel und mein Tagebuch und rufe den Hunden, die ich mit den Brosamen vom Tische dieser Herren durch die kritische Kampfzeit zu bringen hoffe. Ich gebe jedem ein übriggebliebenes Kaninchenbein aus der Schüssel unten in der Halle. Der Setter schmiegt sich dicht an mich, der Chow weigert sich, von der Loggia in den Wolkenbruch hinauszugehen. Ich lege meine Sachen hin und gehe noch einmal zurück, um ihre Leinen zu holen. Da bietet sich mir ein Bild, wie man es nur in unsinnigen Träumen, in Filmnarreteien gesehen hat. Der Oberfähnrich, der Feldwebel, der Vize und der Oberjäger und einige ihrer Soldaten, alle in dieser Minute wie Pilze aus dem Boden geschossen, stehen vor aufgerissenen Schränken und schleudern mit Gejohle den Inhalt in weitem Bogen durch die Luft.

Erst als ich knöcheltief im Schlamm des lehmigen Feldwegs hügelab vor dem Eingang des Bunkers halt mache und dem Gärtner den Jagdhund in Obhut gebe, merke ich, dass ich in meiner Bestürzung Bibel, Brot und Tagebuch im Haus oben vergessen hatte.

Auch in der zweiten Nacht des Kampfes, mitten im stärksten Trommelfeuer, im Krachen und Pfeifen von Schuss und Gegenschuss, hämmern Gewehrkolben gegen das Kellertor, das von der Kelter ins Feld hinaus führt. Über die Gesichter der Vielen, die Rücken an Rücken, Schulter an Schulter, auf Mänteln, Stühlen und Kisten hocken, die ohne zu jammern Gefahr und Höllengedröhn der Schlacht ertragen, wie man Erdbeben und Hagelschlag, wie man die Plagen der Bibel als ein Gottesgericht erträgt, über diese stummen Gesichter der Frauen und Männer zuckt es wie das Licht eines grellen Blitzes. Die schlaftrunkenen Köpfe schnellen hoch und Angst blinkt aus starren Augen.

Einer hakt hastig die Eisenbarre aus, stößt den Riegel zurück, drei Bewaffnete treten ein. Zwei sind es, die stramm und klirrend gehen und in ihrer Mitte einen Dritten führen, dem die Waffe im Ellbogenwinkel schaukelt, bei jedem Schritt sackt er in sich zusammen. Seine rechte Hand und sein Unterarm sind von Granatsplittern durchschlagen.

Sie lehnen ihn gegen die gekalkte Mauer.

»Verbinden!« sagt der Oberfähnrich zu uns, und die Frau des Arztes, die selber Ärztin ist, kommt und sieht prüfend die Wunde an.

»Abzählen«, sagt der Oberfähnrich, und vom Oberjäger gefolgt, beginnt er seine nächtliche Suche nach versteckten Tommies und Partisanen.

»Lauter zählen«, sagt er und stelzt breitbeinig über die Matratzen, auf denen unter dem massigen Tonnengewölbe des letzten, sichersten Kellers die Kinder als einzige, wenn auch unruhig, schlafen.

Von allen Seiten leuchtet er das an der Wand gestapelte Holz ab. »Auch keiner von uns hier?« fragt er. »Wir vermissen zwei Leute.«

Man schüttelt den Kopf.

»Ich lasse Euch den Burschen«, sagt er mit einem schiefen Blick auf die Leute, die sich um den Verletzten bemühen. »Achtung mit der Waffe.«

Ezio und Linda, das junge Paar, das am Tag nach der Befreiung heiraten wird, hat einen Liegestuhl herbeigetragen, der ihnen Haus und Bett ersetzt.

»Der Pfarrer wollte uns schon vorher trauen«, sagt Linda mit einem verschmitzten Lächeln, »doch ich habe gesagt, sobald wir vereint sind, wird Ezio verschleppt, es ist doch immer so, auf den Tag folgt die Nacht, auf Sonne folgt Regen. Wie es jetzt ist, kann es mir die Madonna nicht antun, ihn mir zu nehmen, ehe ich seinen Namen trage, nein, das kann sie nicht tun.«

Der Herr des Hauses gießt dem verwundeten Soldaten ein Glas Kognak zwischen die weißen Lippen. Aus Holzbrettchen und Pappdeckeln wird eine kunstvolle Schiene gefügt. Wir suchen in den Brusttaschen der feldgrauen Bluse nach dem Notverband, mit dem, wie es heißt, jeder deutsche Soldat versehen ist. Ich fördere lediglich ein nicht ganz sauberes Röllchen Heftpflaster zu Tage. Die Hausfrau holt Watte. Die Altbäuerin reißt ein feines, leinenes Handtuch in Streifen.

»Es ist ganz neu«, sagt sie, »und ganz sauber.«

Der Arm ist kunstgerecht geschient, der Verband ist fertig, der Bursche hängt erschöpft in den hänfenen Gurten. Das Haar klebt ihm nass an der Stirn. Er hat die Augen geschlossen, scheint zu schlafen. Die Umstehenden legen den Finger auf den Mund, entfernen sich auf Zehenspitzen.

»Er spricht«, meldet Giulia, die Mutter des Fahnenflüchtigen nach einer Weile, »er ruft jemanden.«

»Er deliriert«, sagt die Ärztin, die ihm die Stirne fühlt, »er hat Wundfieber.«

»Hören Sie doch, was er sagt«, bittet mich Giulia, »vielleicht braucht er etwas.«

»Er ruft nach seiner Mutter«, sage ich.

»Er ruft seine …«, sagt Giulia und schluckt Tränen. »Der arme Kleine …, povero figlio di mamma …, sie sind alle Söhne von Müttern …, nichts als arme Söhne von Müttern.«

»Sie sind Räuber, Mörder und Leuteschinder«, sage ich.

»Nicht alle«, sagt sie, »dieser hier nicht.« Sie heftet den Blick auf das unreife, blasse, gequälte Gesicht, das fleckig gerötet ist.

»Die Braven sind alle Söhne von Müttern«, sagt sie.

»Und die Bösen …?« sage ich. »Sind die Bösen alle Waisenkinder …?«

»Sie haben eben nicht die richtigen Mütter«, sagt Giulia, »und eine Mutter, die keine richtige Mutter ist, ist so gut und schlecht wie gar keine Mutter.«

»Die Mamma hat recht«, erklärt der Sohn, der groß und schlank, mit schmalgeschnittenem Gesicht dem Täufer des Donatello gleich zu Unrecht den Namen Othello führt. »Mamma hat ganz recht. Dieser furchtbare Carità, dieser Leuteschlächter zum Beispiel, ist ein Findelkind.«

»Ja«, sage ich, »sie haben vielleicht nicht die richtigen Mütter und bestimmt nicht die richtigen Väter.«

Der Verwundete wirft sich hin und her, er stöhnt.

»Ja«, sagt Giulia und rückt näher heran, setzt sich auf den Boden neben ihn. »Ja, mein Junge, ich bin ja hier, ich bin hier.«

Sie nimmt seine gesunde Hand, eine feuchte, schmutzige Kinderhand, zwischen ihre schwieligen Arbeitsfinger.

»Sei ganz ruhig«, sagt sie. »Ich bin ja bei Dir …«.

Ich schlage vor, ihm ein Betäubungsmittel zu geben. Die Ärztin hat Pantopon zur Hand, löst drei Kügelchen in etwas Kognak und gibt ihm das ein.

Nicht lange danach, der Verletzte liegt jetzt ruhig mit entspannten Zügen, trommelt es wieder gegen das Tor, drei Mann kommen geräuschvoll herein.

»Psst, psst …«, flüstern die Frauen, »er schläft, er schläft.«

»Los! Los! Aufstehen, Erwin!« donnert einer der drei.

Sie packen den Burschen bei den Schultern und rütteln ihn.

»Wir haben ihm ein Schlafmittel gegeben«, sagt die Ärztin. »Sie lassen ihn besser hier bis zum Morgen.«

»Wird's bald, Erwin«, lautet die Antwort. »Der Lazarettzug wartet nicht.«

Einer der drei versetzt dem Jungen ein paar schallende Ohrfeigen rechts und links, woraufhin er langsam die Augenlider hebt.

Zwei packen ihn unter die Achseln, der Dritte nimmt seine Waffe an sich und pufft ihn mit dem Knie unter das Gesäß. So zerren sie ihn mit ins Freie, wo der erste graue Morgenschein dämmert und ein leichter kühler Morgenhauch weht. Die Kaninchen scharren in ihren Verschlägen, aus seinem Versteck hinter dem Waschkessel kräht schrill der Hahn.

Es wird Tag und die Kanonen schweigen für ein paar Stunden. Wir machen Wasser heiß für einen Tee und wärmen Milch für die Kinder. Wir müssen uns eilen, es ist uns verboten, bei Tag zu kochen. Der Rauch des Holzkohlenfeuers würde die Jagdbomber anziehen, heißt es. Wir verstehen es nicht, doch wir müssen gehorchen. Wir dürfen auch Läden und Fenster nicht öffnen. Als ich gestern morgen einen Laden nur eine Handbreit aufschob, um festzustellen, ob das Haus noch steht, wurde in die Scheibe geschossen. Ich versuche jetzt durch eine Ritze des Fensterladens hinaufzuspähen, doch es gelingt mir nicht zu erkennen, ob auf die Volltreffer der vergangenen Nacht neue Einschläge folgten.

Da kommt von der Straße her die breite Auffahrt herunter gemächlich ein Herr gegangen, ein Anwohner der alten Fiesolaner Straße. Wie er uns hinter dem Türspalt des Kücheneingangs entdeckt, lüftet er munter den Hut von seinem Silberhaar.

»Sie sind weg, sie sind weg«, jubelt er. Kein Deutscher weit und breit, keine lebende Seele mehr!«

»Wie …?« »Was …?«

Die Ärztin und ihre Freundin fallen sich in die Arme. Ich fühle meine Knie weich werden.

»Ich glaube es nicht«, sagt die Frau des Hauses, »es wäre zu schön.«

Sie ist gebürtige Wienerin und hat sich nach dem ›Anschluss‹ mit Mühe hierher gerettet.

»Vielleicht sind sie alle in der Kirche«, meint die jüngste der Arzttöchter, »es ist doch Sonntag heute.«

»In der Kirche sind sie sicherlich nicht«, sage ich.

»Aber hört ihr denn nicht die Glocken läuten?« sagt der älteste Sohn des Arztes, der Musiker werden will, und der für sein kindliches Alter bereits recht gut Klavier spielt. »Das sind die Glocken vom Dom von Fiesole, und seit der Brückensprengung hat keine Glocke mehr geläutet.«

Wir geleiten unseren Freudenboten in den großen Saal.

»Er müsste einen Ölzweig in der Hand tragen«, sagt der Hausherr.

Der Professor schiebt die Fensterläden auf. Geblendet, mit zusammengekniffenen Augen, tun wir ein paar vorsichtige Schritte hinaus bis unter das Schattenrund der großen Magnolie, sehen das menschenleere Band der Faentiner Straße, das flimmernde Rot auf den Dächern der Stadt, den Rauch, der sich in bläulichen Schlieren aus den Kaminen windet.

»Eugen, hol meine Geige herauf«, ruft der Professor und krümmt und streckt und spreizt seine Finger. »Jetzt wird ein paar Stunden fleißig geübt, und dann geben wir beide ein Dankkonzert.«

Er zieht die Geige aus ihrer sämisch-ledernen Hülle und geht Griffe und Tonleitern übend auf und ab. Es hallt hohl von den kahlen Wänden des leeren Saales wider, dessen Möbel unter der Erde in Sicherheit gebracht sind. Die Kinder spielen Haschen und laufen hin und her, von drinnen nach draußen, von draußen nach drinnen.

»Nicht zu weit hinaus«, mahnt die Mutter, »man kann nie wissen.«

Auch die Hunde laufen ins Freie und recken sich wohlig im Sonnenlicht. Die Köchin meldet die Ankunft eines Herrn aus Fiesole. Es ist jener unerschrockene Maler, dessen Haus später in die Luft fliegen wird, der in fremden Häusern unter Todesverachtung eine Unzahl gefährlicher Minen entsichert und dem dann, als er zufrieden mit seinem Erfolg zu einem fruchtbeladenen Feigenbaum tritt und nach einer reifen Feige langt, eine letzte Mine das Bein oben an der Hüfte abreißt. Noch ist er unversehrt, er ist offenbar schnell gelaufen, er ringt nach Atem, seine Schuhe sind staubig.

»Es ist ein Befehl erlassen worden; alle Männer müssen sich zur Zwangsarbeit stellen, um die Futa und den Giovi befestigen zu helfen. Das Plakat ist in Fiesole angeschlagen.«

»Ich denke, die Deutschen sind abgezogen«, wirft jemand ein. »Es ist doch keiner mehr hier im Gelände.«

»Abgezogen …? Es sind mehr denn je, sie sind jetzt nur alle oben im Ort, um die Leute zusammenzutreiben. Zweihundertsechzehn Mann stehen aufgereiht, mit Maschinenpistolen in Schach gehalten, und abseits die schluchzenden Frauen, Mütter und Kinder. Man hat Telefon nach Fontelucente gelegt und weiter zu den wichtigsten Beobachterposten und Geschützstellungen auf dem Monte Rinaldi, dem Monte Ceceri und in San Girolamo, von dort wurden bereits gestern alle Zivilpersonen vertrieben, das heißt Verteidigung auf lange Sicht. Also Vorsicht und Kopf hoch und hoffentlich auf Wiedersehen!«

Niemand findet ein Wort. Der Professor hebt stumm den Geigenbogen und fährt fort, seine Läufe zu üben. Der Hausherr eilt dem Maler nach, der schon den Kücheneingang erreicht hat und dort in vollem Schwung mit dem Feldwebel im Tarnkittel zusammenstößt, der ein Quartier für sich sucht und das Bügelzimmer beschlagnahmt.

»Unser Konzert findet trotzdem statt«, erklärt der Professor, während wir schweigend an unserem Mittagsimbiss würgen, und nachdem die Kleinen geschlafen haben, finden wir uns in der hinteren Halle, wo der Flügel steht, wieder zusammen.

Eugen und sein Vater spielen die Vierte Violin-Sonate in D-Dur von Mozart. Der zweite Satz hat kaum begonnen, als der Oberfähnrich, seinen Stock schwingend, die Halle betritt, ihm nach der Feldwebel, der Oberjäger und ein uns noch unbekannter Mann, ein Österreicher im schwarzen Hemd mit farblos breiigem Gesicht, dem ein Käppi schief auf dem Scheitel thront.

»Hier geht's ja hoch her«, sagt der Oberfähnrich und hebt die Brauen. »Ist ein besonderer Anlass zur Festlichkeit?«

»Wir machen etwas Sonntagsmusik«, sagt der Professor und spielt unbeirrt weiter.

»Nicht übel … gar nicht übel …«.

Sie greifen Stühle und setzen sich zwischen uns an den langen Tisch. Der Feldwebel und der Oberjäger klemmen ihre Maschinenpistolen zwischen die nackten Knie, die blanken Läufe gegen den Tischrand lehnend. Man spart nicht mit Beifall, selbst nicht, als Eugen eine Etüde von Chopin spielt, der doch Pole ist. Dann verlangt der Österreicher etwas »Gefühlvolleres«, Puccini zum Beispiel. Eine Arie aus der »Butterfly« oder der »Tosca«. Der Professor bedauert, er hat leider die Noten nicht bei sich.

»Ruhig auswendig … Es kommt nicht so genau darauf an.«

Er kann diese Stücke auch nicht auswendig spielen und der Junge ebenfalls nicht, beharrt der Professor. Schon wird Misstrauen spürbar, eine Spannung, die die Ärztin geschickt überbrückt, indem sie mitteilt, dass eine der Töchter deutsche Lieder kenne. Annalisa stellt sich auch gleich brav neben dem Flügel auf und, von ihrem Bruder begleitet, singt sie mit hellem Stimmchen zwei deutsche Kinderlieder.

Ich nutze die gelöste Stimmung und erbitte mir die Erlaubnis, nach meinen Leuten im Bunker zu sehen. Auch die Ärztin möchte sich anschließen, sie hat den Pfarrer und den Gärtner mit seiner Familie dort.

»Eine ist genug.« Der Oberfähnrich gibt seinen beiden Untergebenen ein Zeichen in meine Richtung. »Aber schnell und nur bis zum Bunker.«

Wir steigen zwischen Olivenbäumen den Wiesenpfad zum Bunker hinauf.

»Sie müssen den Leuten mehr Zucht beibringen«, sagt der Oberjäger, »eine grässliche Jammerbande, tun nichts als heulen und Zähne klappern, wenn wir nachts die Männer zum Schippen holen. Gestern Nacht sind sich zwei der Weiber gefährlich in die Haare geraten. Die mit den kleinen Kindern wollte, wir sollten den Mann der anderen nehmen, die kinderlos ist, woraufhin die auf ihren Leib schlug, was wohl heißen sollte, da sei ein Kind im Kommen. Sie sei ja unfruchtbar wie eine Mauleselstute, lachte die andere, alle wüssten das, alle, und die Kinderlose fuhr ihr mit den Krallen ins Haar. Wir mussten die beiden trennen. Die Weiber haben offenbar Angst, wir verschleppen oder erschießen die Kerle, dabei haben wir sie ihnen bis jetzt immer noch heil zurückgebracht.«

»Sie brauchen sie wohl noch als Arbeitskräfte«, sage ich. Der kleine Feldwebel verhält den Schritt.

»Das Kommando drüben«, sagt er mit hartem Ton und zeigt zur Straße nach Bologna, »legt nach beendeter Nachtarbeit jede Belegschaft um, damit sie den Minenstandort nicht verraten können.«

»Wer auf dem Schlachtfeld gekniffen hat, fällt eben hier auf dem Felde der Ehre«, sagt der Oberjäger, »es kommt keiner zu kurz.«

Hart gegen die Mauer aus Felssteinen geschichtet, stehen die Männer in geduckter Haltung. Die Frauen drängen sich bleich im Bunkereingang, der mannshoch und schulterbreit wie der Eingang zu einem Etruskergrab aussieht. Die Kinderlose, in einem lichtroten Schlafrock, den Hals mit einem gelben Wollschal umwickelt, hält sich stumm mit zusammengepressten Lippen abseits. Die anderen stürmen mit Fragen und mit Klagen auf mich ein, sie sprechen alle zugleich. Ich folge den Soldaten durch den Laufgang bis in den Schutzraum. Die Luft riecht faulig, süßlich-feucht. Die Pritschen stehen auf glitschigem Boden. Während des heftigen Regens ist Wasser durch den Ausstiegsturm hineingeflossen.

Die beiden Soldaten halten sich die Nasen zu, drängen zurück nach draußen.

»Säue!« fluchen sie.

»Sie haben keinen Ort für ihre Notdurft«, melde ich. »Sie haben kein Wasser, morgen geht ihr Brot zu Ende, sie haben keine Kochmöglichkeit.«

Die beiden umreißen ein Geviert in Zimmergröße als Auslauf für alle, bestimmen einen Platz zum Vergraben der

Exkremente, zeigen den Männern längs der Feldmauer über das steilste Stück des Abhangs den Pfad, auf dem sie abends zwischen sieben und neun aus der Quelle unter dem großen Lorbeer Wasser holen können.

»Der Bauer backt Euch Brot«, teile ich mit, »wer heute Abend Wasser holt, kann das Mehl hinbringen.«

Die Ärztin erwartet uns hinter der Haustür, sie möchte den Namen des Kommandanten wissen.

»Schindler«, sagt der Feldwebel, »Oberfähnrich Schindler, und ich heiße Brandt, und das ist Tack, Oberjäger Tack«, fügt er hinzu, als entsinne er sich soeben der gesellschaftlichen Pflicht des Vorstellens.

»Ich lasse mich hier nicht länger als Geisel halten«, erklärt der Professor. Er ist ein führendes Mitglied der Widerstandsbewegung und darum der SS verdächtig. »Ich werde den Kommandanten ersuchen, mich mit meiner Familie nach Florenz zu entlassen, in der Stadt taucht man leichter unter.«

»Hier oder dort … wir sind überall Geiseln, solange diese Herren da sind«, sage ich.

Wir setzen uns auf ein Sofa nächst der Treppe, die in den Keller hinabführt, von dort können wir durch eine offene Tür die Kinder beim Spielen beobachten. Sie hocken um einen niedrigen Tisch und bauen schwierige Kartenhäuser, die sie, wenn sie mit viel Mühe stehen, nach atemloser Sekundenstille gleich wieder über den Haufen blasen. Sie tun das mit geräuschvollen Atemstößen, die je nach Lippenstellung pfeifende oder splitternde Bomben oder das trockene Knattern von Maschinengewehrsalven nachahmen.

Der dröhnende, ohrenbetäubende Beschuss gegen den nahen Fels beginnt wieder.

»Sie schießen sich ein«, jubelt der Jüngste und schüttelt sein blondes Seidenhaar. »Das ist schweres Kaliber, schwerstes Schiffskaliber«, jauchzt er und fegt mit seinen kleinen Händen sämtliche Karten vom Tisch.

Die Mutter ist aufgesprungen, hat ihn vom Boden hochgerissen, ruft »Annalisa, Daisy, Donatella, Eugenio!« und rennt treppab in den Keller. Wir folgen ihr.

Die Leute kauern auf ihren gewohnten Plätzen, nur die Altbäuerin ist in der Waschküche tätig, rührt über kleinem Holzkohlenfeuer in einem brodelnden Kessel.

»Das ist nicht sicher hier, so nahe der Außenwand, Nonna«, sagt die Hausfrau, »geht lieber etwas tiefer in den Keller.«

»Ich bin alt«, sagt die Greisin und lässt ihren Löffel kreisen, »um mich ist es nicht schade, aber die Jungen müssen essen, wer Angst und Kummer hat, muss sich nähren, sonst ist er verloren.«

Das schwere Feuer hält die ganze Nacht an. Gegen drei Uhr machen der Feldwebel und der Oberjäger ihren Kontroll- und Zählgang und befehlen die Hausfrau und mich zu einer Plauderei auf die Treppe. Als es Tag wird, bricht unvermittelt, wie es begann, das Schießen ab. Wir schließen die Augen vor dieser plötzlich einfallenden Stille, fühlen erstaunt, wie der Schlaf uns übermannt.

Mit einem »Guten Morgen allerseits« erscheint der Ostpreuße in der Tür zur Küche, wo wir mit Tassen heißen Tees in den Händen hinter geschlossenen Läden auf- und abgehen, um unsere nachtsteifen Beine gelenkig zu machen. Ihm folgt ein hoch aufgeschossener Bursche mit weichem Stubenluft-Gesicht. Ein nach hinten geschobener Radiokopfhörer, jenen Ohrenschützern mit zwei Samtmuscheln an metallenem Bogen nicht unähnlich, wie sie die Straßenverkäufer auf dem Christmarkt tragen, hält ihm die Strähnen aschfarbenen Haares aus der Stirn.

Die Ärztin und ich werden geheißen, ihm zum Bunker zu folgen.

Er schlurft uns voran mit langen, lässigen Schritten, seine hageren Beine stecken in Drillichhosen, die sich steif über schwarzen Schaftstiefeln bauschen.

»Ist das Ihr Fahrer im Bunker oben …?«

Die Ärztin nickt zustimmend.

»Und wo hat er die Reifen von dem aufgebockten Wagen versteckt …? Sie sollen hier im Grundstück vergraben sein.«

»Was ist das für ein Unsinn mit den vergrabenen Reifen …?« ruft sie dem Fahrer zu, der uns erwartet. »Du hast sie doch in die Werkstatt gebracht.«

»Der will uns ja nur eine Falle stellen«, brummt der Fahrer.

»In welche Werkstatt?« fragt der Soldat, nachdem ich übersetzt habe.

»In die Europa-Garage im Borgo Ognissanti«, sagt die Ärztin schnell.

»Wohl einzeln auf der Schulter in die Stadt getragen, wie …?«

»Nein, mit dem Handwagen.«

Der Soldat mustert uns prüfend aus engen Lidern.

»Wir brechen alles auf«, sagt er. »Finden wir sie, legen wir Feuer … und die Frau hier«, er zeigt in Richtung der Ärztin, und krümmt seinen starkknochigen Zeigefinger, wie den Abzug der Pistole, »die Frau hier wird umgelegt … bum, bum, kaputt.«

»Sie ist Mutter von fünf Kindern«, sage ich.

Er zuckt seine Hängeschultern, die schmaler als seine Hüften sind.

»Trotzdem kaputt«, sagt er vergnügt, »bum, bum, ganz kaputt …!«

»Und die fünf Kinder«, sage ich.

Sein Gesicht verzieht sich zu einem schnurrigen Lächeln.

»Ich werde Vater«, sagt er unvermittelt, »morgen oder übermorgen … es ist mein erstes Kind.«

Aus seiner Hemdtasche zieht er ein Wachstuchheftchen, entnimmt ihm drei Bilder einer jungen Frau und reicht sie uns feierlich.

»In meinem Schrank hängt ein neues Kinderkleidchen, das für meine zu klein ist«, sagt die Ärztin, »nehmen Sie sich das für ihr Kind.«

»Danke«, er schnauft sich hörbar die Nase in eines meiner schönsten Seidentücher, »mein Vater ist Maschinenbauer, ich brauche keine Geschenke.«

Er legt die Bilder behutsam an ihren Platz zurück.

»Welcher Religion sind Sie?« fragt die Ärztin, als wir schon auf dem Rückweg sind.

»Religion …?«

»Ich meine Konfession«, sagt sie, »sind Sie katholisch oder evangelisch?«

»Wissen Sie nicht«, gibt er zur Antwort, »dass, um in das Fallschirmjägercorps einzutreten, man wie bei der SS schwören muss, nicht an Gott zu glauben und mit nichts und niemandem Mitleid zu haben? Jetzt ist das leider ziemlich verwässert. Unser Bataillon hat allein zwischen Siena und hier über neunhundert Mann verloren, da braucht man Ersatz und nimmt, was kommt.«

Der Professor hat unser Kommen und Gehen durch einen Fensterspalt beobachtet. Aufatmend, mit verschlungenen Händen, stützt sich die Ärztin auf seine Schulter.

»Bum, bum, kaputt«, sagt sie kopfschüttelnd, »und über dem eigenen Kind, das zur Welt kommen soll, werden ihnen die Augen feucht.«

Der Professor greift sich an seine Stirn.

»Wo waren sie eigentlich vor dreiunddreißig, diese wahnwitzigen Gesellen, diese Verbrecher in Unzahl …? Es sieht aus, als bestehe das deutsche Volk nur noch aus Kriminellen und aus solchen, die diesen Kriminellen blind Gehorsam leisten und für sie in den Tod gehen.«

»Das ist ja das Unheil«, breche ich aus, »dieser Drill von frühester Kindheit an. Ich habe Zehnjährige, Achtjährige beim Spielen beobachtet, wie sie, statt auf Jungensart ausgelassen miteinander zu toben, die Jüngeren anbrüllten, sie in Reih und Glied pufften und ihnen mit der Gerte eins überzogen, wenn sie die kleinen dicken Beinchen nicht stramm genug warfen. Nichts als Drill und Kadavergehorsam.«

»Was meinen Sie mit Kadavergehorsam?«

»Hören Sie zu«, sage ich. »Ein mir bekannter Arzt, der eingezogen war, zog mit seinem Regiment zur Front über eine

Landstraße unterhalb eines Judendorfes, in dem die SS in jenen Tagen die gesamte Bevölkerung umgebracht hatte. Um jedoch Munition und Zeit zu sparen, hatten sie die Kinder einfach über einen Abhang hinunter in den Straßengraben geschleudert. Viele hatten wohl gleich den Schädel oder das Genick gebrochen, aber viele, das sah man, waren erst nach Stunden unter der Decke der mageren Leiber, die auf sie fielen, erstickt. Die Soldaten starrten auf dieses Bild des Grauens, an dem sie vorübermarschieren mussten. Da verschärfte der Feldwebel seinen Marschtritt. ›Aauugen links!‹ brüllte er. Alle Beine strafften sich, alle Köpfe flogen herum, alle Augen rollten nach links. Es war keiner, der muckste, keiner, der ausbrach, der den Hügel stürmte, um diesen Mordgesellen an die Gurgel zu springen. Der Vormarsch zur Front und damit in den lauernden Tod nahm ungestört seinen Fortgang. Das nenne ich Kadavergehorsam.«

»Hat der Arzt denn aufbegehrt?« fragt der Professor.

»Nein, aber als er es mir erzählte, nannte er sich einen geschlagenen Mann. Der Rest seines Lebens reiche nicht aus, sagte er, um diese Schuld abzuwaschen.«

Ein junger Bursche, ein Kind in Uniform mit fiebrigen Abenteureraugen, der dem Ostpreußen als Meldegänger dient, schiebt vorsichtig den Kopf durch die Tür, tritt, als er uns allein sieht, flink heran.

»Heute ist Reisetag«, flüstert er, »wer weiß, vielleicht auch für Sie. Zwei Familien von der Badia sind fort. Die haben allerdings viertausend Lire an den Posten gezahlt.«

Der Ostpreuße ruft von draußen nach ihm: »Willy, Willy!«

Willy entschlüpft eilends. Dann sucht uns der Ostpreuße im Keller auf.

»Wenn dieser Mittagsartillerieschuss aufhört, würde ich das Gepäck vorbereiten«, sagt er zum Professor gewendet. »Falls der Chef Ihrem Gesuch zustimmt, muss dann alles auf einmal hopp-hopp gehen, und nichts ist vorbereitet.«

Wie ein Lauffeuer verbreitet sich die Kunde von dem geplanten Abmarsch und alle fangen an, darüber nachzudenken, wohin und unter welcher Begründung auch sie diesem Kerker entrinnen könnten. Die Vorstellung einer Tür, die sich ins Freie auftut, einer Straße, auf der man zu Tag steigen kann, bricht in diese lastende Sorgenstimmung wie Sonne durch Regennebel. Der jüngere Bauer vom unteren Hof entschließt sich als erster. Er wird mit Frau und zwei Kindern und der dreiköpfigen Familie seines Schwagers das Haus seiner Schwester zu erreichen versuchen, die neben der zweiten Mugnonebrücke ein Milchgeschäft betreibt. Giulias einsilbiger Mann, der schweigsame Bauer vom Zypressenhügel, fasst den raschesten Entschluss seines Lebens und erklärt mit Bestimmtheit: »Wir gehen auch.«

Ezio, der mit Linda abseits im Winkel steht und sie stumm bei den Händen hält, hebt plötzlich sein Kinn über ihr Gelock.

»Ich denke, es wäre an der Zeit … ich denke …«.

Was er denkt, geht unter in Lindas Umarmung.

»Wohin«, will die besorgte Mutter wissen, »sagt mir nur wohin?«

»Ganz gleich wohin«, erklärt Ezio, »nur fort von hier.«

Die erregte Lustigkeit der Kinder wirkt ansteckend. Selbst die Alten ziehen lächelnd den Mund breit. Jemand fängt an zu singen.

»Und nie habe ich das Leben so geliebt«, skandiert eine Buffo-Stimme.

»Da haben wir ihn ja, unseren Puccini«, sagt der Professor, »und nun ist unser lieber Freund aus Österreich nicht bei uns.«

Mitten in diesen Trubel hinein stapfen der Feldwebel und sein untrennlicher Begleiter, der Oberjäger. Sie sollen den Professor zum Kommandanten führen.

Alle verstummen, als die Schritte der drei verhallen, alle warten.

Endlich hören wir von weither ein paar Takte Mozart pfeifen.

Die Ärztin läuft ihrem Mann entgegen.

»Der Kommandant hat mein ärztliches Pflichtbewusstsein«, sagt er mit gespielter Feierlichkeit, »und meinen begreiflichen Wunsch, trotz der Gefahr in diesen ernsten Tagen meinem Wirkungskreis nahe zu sein, gebührend anerkannt. Ich und meine engste Familie sind frei zu gehen. Ich habe ihm rund zwanzig als engsten Kreis gemeldet, also, wer fertig ist, kommt.«

Alle beladen sich mit Gepäck. Eugen bittet des Vaters Geige zu tragen, obwohl er mit seinem schweren Rucksack beladen ist. Die Kleinen brechen plötzlich in Tränen aus, umhalsen die Hunde, fallen uns mit Schluchzen in die Arme.

»Auf Wiedersehen, auf Wiedersehen!«

»Wir sollten unsere Treuen aus dem Bunker noch holen«, sagt die Ärztin.

»Sind ohnedies zu viele«, erklärt Feldwebel Brandt gereizt, als ich mich deswegen an ihn wende, »Schluss jetzt und ab!«

Ich fühle mich von zwei Armen umschlungen, sehe Giulias bräunliches Herbstapfelgesicht, von einem blauen, unter dem Kinn verknoteten Tuch umrahmt, an meiner Schulter.

»Mit Gott«, sagt sie, »und dass wir uns alle wiedersehen, hier oder im Paradies.«

Es wird Abend. Seit Stunden gewittert es und seitdem es donnert, schweigen die Kanonen. Wir sitzen rauchend um den Küchentisch und lauschen auf den prasselnden Regen.

»Der Kommandant wünscht die Hausfrau zu sprechen«, meldet der Ostpreuße.

»Er soll eintreten.«

»Oben bei sich in der Villa …«.

»Bei diesem Wetter …?«

Der Ostpreuße zuckt die Achseln.

»Es scheint zu eilen, die Ordonanz wartet draußen … ich würde raten …«.

Er hält den Hausherrn zurück, der statt seiner Frau oder doch wenigstens mit ihr gehen möchte. Sie muss allein dem Posten folgen. Inzwischen ist es fast schwärzeste Nacht. Durch den fallenden Regen ziehen sich nur ein paar dünne Strähnen gebrochenen Lichtes.

»In meine Stapfen treten«, hören wir den Posten sagen, »rechts und links vom Weg liegen Minen.«

Zwei Fahrräder werden von Willy, dem Meldeboten, durch die Tür geschoben. Beim Umbau unserer Kellerlager, nachdem die Schlafplätze der Kinder frei geworden waren, hat man erneut den Holzstapel, wie es heißt, auf Waffen durchsucht und die darin versteckten Räder beschlagnahmt.

»Es sind nicht Ihre Räder, aber immerhin kein schlechter Ersatz«, erklärt der Bursche mit sichtlichem Stolz.

»Und woher hast Du die Räder …?« will der Hausherr wissen.

»Woher …? Beschlagnahmt, genau wie die anderen es machen. Ich bringe noch mehr, warten Sie nur ab.«

Er kommt nach kurzer Frist mit Bohnen, mit Zucker, mit einem Sack voll trockener Brotrinden, auf denen Schimmel wuchert. Dann verschwindet er wieder.

»Der hat offenbar seinen wahren Beruf gefunden«, sagt jemand, als er jetzt zum dritten Male die Küche betritt, unförmige Stoffballen in seinen langen Greifarmen bis unter sein hoch gerecktes Kinn getürmt. Ein grellgrüner Kunstseidenatlas hat sich von der Papprolle gewickelt, schlingt sich ihm beim Vorwärtsgehen um Beine und Stiefel, lässt ihn stolpern und begräbt ihn unter seiner Beute.

Er steht nicht gleich auf, bleibt vielmehr am Boden hocken, als habe er sich diesen Platz mit Fleiß gesucht, und einem orientalischen Händler nicht unähnlich hebt er jetzt die eine, jetzt die andere Stoffbahn dieser grellbunten Kramladenware erstaunt und bewundernd hoch.

»Ist das schön …?« sagt er mit breitem Lächeln, »nicht wahr, das gefällt Ihnen!«

Von dem grasgrünen Kunstseidenatlas kann er sich schier nicht trennen.

»Davon werde ich mir ein Stück abschneiden und meiner Schwester als Siegesbeute mitbringen.«

Niemand gibt auf ihn acht.

Er erhebt sich umständlich, rafft seine Herrlichkeiten zusammen, trennt mit einem Taschenmesser, das die Ausmaße eines Dolches hat, ein paar Meter von der grasgrünen Rolle und lehnt sämtliche Bündel in die Ecke hinter dem Eisschrank. Der Stoff für die Schwester verschwindet in einer der geräumigen Taschen, die seinen Hosen aufgesteppt sind, und die der Feldwebel die Beutetaschen der Fallschirmjäger nennt.

Wir schweigen. Wir warten. Wir horchen.

Wir horchen gegen den Hügel hinauf in das Regengeplätscher, aus dessen Eintönigkeit sich jetzt Stimmen lösen, die sich in hastigem Tonfall überstürzen. Ein donnerndes »Ruhe!« schneidet sie unvermittelt ab. Schritte nähern sich, teils gedämpft vom schlammigen Boden, dazwischen das Stampfen schwerer Soldatenstiefel.

Dann werden sie durch die Türe geschoben, durchnässt und vom Dreck hüfthoch bespritzt, eine Alte mit ihrer Tochter von der Badiabrücke, unser Müller vom Mugnonewehr, sein krebskranker Geselle, der Beschließer einer benachbarten Villa, den am zweiten Tag nach der Befreiung eine Mine am Garagentor in Stücke reißen wird, und als letzte die Hausfrau. Ihr fließt das Wasser vom Kapuzenrand in Rinnsalen über die Backen und legt einen frischen Widerschein auf ihr Gesicht, in dem die Augen sich unstet und ziellos bewegen. Die fünf umringen die Hausfrau, packen sie an Armen, Ärmeln und Händen, die sie stürmisch küssen. Der Hausherr ist ausgesperrt, was er sagen will, geht unter im Dankeschor der fünf, doch auch sie sind nicht zu verstehen, einer fällt dem anderen ins Wort.

Der Ostpreuße ist unbemerkt eingetreten. »Wir müssen weiter ins Nachtquartier.«

Panik bricht aus. Alle weigern sich, sich vom Fleck zu rühren. Ich muss jedem einzelnen ausführlich klar machen, dass dieser Mann sie lediglich in die Badia in Sicherheit bringen wird.

Der Hausherr hat ein Glas Kognak eingegossen und setzt es seiner Frau an die Lippen. Sie leert es mit einem Zug, schüttelt sich.

»Die Fünf wurden beim Wasserholen, beim Gemüsepflücken, bei ich weiß nicht welcher harmlosen und lebensnotwendigen Tätigkeit von Patrouillen aufgegriffen, waren, seit ich weiß nicht wann, in einem Keller eingesperrt und wären, mit mir als Zeugin, als Spione erschossen worden, hätte ich sie nicht bei Namen gekannt.«

»Kanntest Du sie denn …?«

»Den Beschließer von San Michele kannte ich natürlich, nur fiel mir vor Schreck sein Name nicht ein, doch hatten alle blitzartig schnell begriffen, worauf es ankam und schwatzten einander kindlich deutlich bei Namen nennend alle auf einmal los; als der Kommandant, der kein Wort verstand, sie anschrie, still zu sein, wusste ich, was ich wissen musste, und dann löste sich alles ganz einfach.«

»Diese Burschen haben vor jeder Vogelscheuche und jedem Schatten Angst«, seufzt der Hausherr befriedigt.

»Vielleicht schickt man uns weg«, berichtet die Frau. Der Feldwebel hing sinnlos betrunken in einem Sessel, nach jedem neuen Erbrechen fuhr er mit dem Arm durch die Luft und lallte »Zivilisten weg! Hügel vermint!«

Vor Einbruch der Dunkelheit hat mich der Oberjäger zum Bunker geholt, um den Insassen die Stifte von Minen zu zeigen, die durch unsichtbare Drähte verbunden das Gelände auch in unmittelbarer Nähe ihrer Höhle lebensbedrohend durchsetzen. Sie nehmen diesen Hinweis stumpf in sich auf, betrachten die verhängnisvollen Stifte trägen Auges, wie man ekelhaftes Getier anschaut. Auch die Kunde, dass uns die anderen vor zwei Tagen verließen, macht keinen Eindruck, weckt weder Neid noch Mitfreude; erst als ich anzuregen versuche, sie alle in den nun leerer gewordenen Keller umzuquartieren, horchen sie auf, beginnen das Für und Wider genau abzuwägen.

Der Oberjäger hält jedoch nichts von meinem Vorschlag. »Warum unnütz Staub aufwirbeln …«, sagt er zu mir, »es gibt ohnedies bald einen Generalumzug.«

»Sie brauchen wohl neues Plünderungsgebiet«, meint der Hausherr, als ich das übersetze.

Eine Stunde später überbringen der Oberjäger und der Ostpreuße den Räumungsbefehl für die erste Morgenstunde, sowohl für uns wie für die Leute im Bunker und die im Bauernhaus.

»Ihr Jagdhund ist verschwunden«, meldet der Oberjäger, »er hat die Minen dicht vor dem Bunker losgerissen.«

Wir packen die ganze Nacht, das Trommelfeuer dauert in dieser Nacht nur zwei Stunden an. Da ich selbst nichts zu packen habe, kann ich den anderen behilflich sein. Beim Morgengrauen schnallen wir Koffer und Kisten auf den Eselskarren. Während wir noch Bündel und Taschen stapeln und wieder umbauen, hören wir einen Hund; es ist kein Bellen, es ist ein Aufschrei, Birbo bricht durch die Ligusterhecke und schleudert sich mit wildem Satz, die Vorderpfoten hochgereckt, mir entgegen. Sein linker Hinterlauf, mit dem er offenbar die Mine losgerissen hat, ist stark geschwollen.

Der Regen von gestern Abend hat keine Abkühlung gebracht.

Die Luft ist drückend heiß, als stände die Sonne hoch und mit voller Strahlung über dem schwarz geballten Gewölk. Die nasse Erde dampft, Tomaten glänzen im fetten Grün. Jedes

Blatt, jeder Halm saftig und satt. Die Trauben haben schon pralle Beeren, sie hängen dicht und ziehen die Reben nieder. Die Korngarben, seit dem Tag vor der Schlacht zum Ausreifen und Trocknen ausgebreitet, sind faulig vergilbt, haben schwärzlich rostige Ähren, strömen einen süßlichen, mehligen Modergeruch aus.

Der alten, hohlrückigen Eselstute gelingt es nicht, den Karren über die schwache Steigung der Zufahrtsstraße zu ziehen. Die Männer stemmen ihre Schultern gegen das Gefährt; auch die vom Bunker müssen zugreifen, die durch das tropfenschwere Gras den Wiesenpfad hinunterkommen. Sie setzen ihre Bündel ab oder packen sie den Frauen auf, die schon krumm gehen unter der eigenen Last, und fassen in die Speichen.

Im Straßentor erscheint der Kommandant mit seinem bewaffneten Gefolge. Auch er trägt heute den Stahlhelm und den steifen Ledergurt mit Revolver- und Patronentaschen. In der Hand hält er die unentbehrliche Gerte und lässt sie durch die Morgenluft pfeifen.

»Los, los, keine Müdigkeit vorschützen!« grinst er.

Die lehmige Erde hängt sich in pfundschweren Schollen an unsere Sohlen. Ich gehe langsam, halte die Hunde mit Macht zurück.

Ich kann während der nächsten Schritte zum Hügel und zu meinem Haus hinaufschauen, von dem ein Teil des Daches abgedeckt ist, in seiner hellen Wand klaffen dunkel Granateinschläge. Der Mittelbogen der Loggia ist niedergebrochen.

Ich denke an die zwei Schwalbennester im Bogenzwickel unter der hölzernen Balkendecke und was mit den Nestern und den Schwalben geschehen sein mag. Ich denke an das Jubelgezwitscher, mit dem sie jeden neuen Tag begrüßen. Vor einer Woche, kurz bevor unten in Florenz die Brücken in die Luft flogen, hörte ich es zum letzten Mal.

»Los! Los! Los!«, drängen die Soldaten. Sie treiben den Wagen meines Bauern an, der von den zwei Jungtieren gezogen aus dem oberen Gutstor schwankt. Der alte Bauer führt das linke Tier am Zaum. Zu beiden Seiten des von einer Plane bedeckten und mit den Brunnenseilen umschnürten Gefährtes gehen die Frauen, eine nach der anderen, wie neben einem Leichengespann. Sie atmen schneller. Sie tragen die Kinder auf den Armen, auch die großen, die eigentlich laufen könnten, die aber, verfrüht aus dem Schlaf gerissen, zu langsam vorankämen. Am Hals von Mutter, Großmutter und Tante sind sie vom Einherschreiten in Schlaf gewiegt. Als letzte folgt die Jungbäuerin mit ihrer Kleinsten, die erst ein paar Wochen alt ist. Sie schlägt den Wollschal, der den Kopf des Kindes bedeckt, um eine Handbreit zurück, als ich hinzutrete. Ich sehe ein geschrumpeltes, mattes Gesichtchen, durchsichtig-weiße Ohren.

»Die Angst schlägt mir die Milch zurück oder verdirbt sie mir, und Kuhmilch verträgt die Kleine schlecht«, sagt die Mutter.

Eine Kuh brüllt. Ich schaue mich nach ihr um, es ist unsere Graue. Sie stemmt sich mit allen vier Hufen in das feuchte, nachgiebige Erdreich, reckt den Hals, dreht den Kopf zurück, hebt das weißgeränderte Maul gen Himmel und brüllt mit bleckenden Zähnen. Der Jungbauer und der Mann der ältesten Bauerntochter reißen an den schweren Stallketten, die ihr um die Hörner gebunden sind, mühen sich mit aller Kraft, sie vorwärts zu reißen.

Sie steht und brüllt.

»Sie war einfach nicht aus dem Stall fortzubringen«, sagt die Jungbäuerin und deckt behutsam das Kind wieder zu, »die Soldaten haben heute Nacht ihr Kalb abgestochen, sie sucht ihr Kalb.«

Jetzt klatschen Hiebe auf den Rücken des Tieres. Der Jungbauer, der sonst immer gut mit seinen Tieren umgeht, hat die Stützstange von einer Zypresse gegriffen, lässt sie auf die Flanke der Grauen niedersausen. Der Schlag treibt sie ein paar Schritte voran. Dann steht sie wieder, wendet den angeketteten Kopf. Sie brüllt jetzt nicht, sie klagt in einem langgezogenen auf- und abschwellenden Laut. Der klatschende Hieb wiederholt sich, der widerspenstige Schritt, der Klageruf.

Der Eselskarren, der, von den Männern gestoßen, die Spitze unseres Zuges hält, erreicht als erster die Flanke des Kirchenschiffs und das Tor jenseits des Gotteshauses, das in den Gerätehof führt und durch das Menschen, Wagen und Vieh Einlass finden. Die Eselstute trabt über das Tor hinaus. Der Bauer zerrt sie voran. Er will seinen Bruder, der mit den anderen fortging, will das Milchgeschäft der Schwester am Fuße des Hügels erreichen, auch mein Gastgeber, seine Dienstleute und seine Gärtnersfamilie wollen von dort aus versuchen, bis in die Stadt zu gelangen.

Der unförmige Ochsenwagen, der sich auf der abschüssigen Straße nur schwer wenden lässt, der Tumult um die störrische, klagende Kuh, das Hin und Her der Frauen und Kinder bringen die erste Gruppe rasch außer Sicht der Posten. Ich sehe sie hinter der Steigung um die Wegkehre verschwinden. Die Maremmaner-Schäferhündin, die während einer ganzen Woche bei jedem Schuss aufhellte, jedem Soldaten an die Kehle springen wollte, trottet als letzte hinterdrein, schaut sich noch einmal um nach den beiden anderen Hunden, mit denen ich den Kirchplatz überquere.

Die kleine romanische Marmorfassade, die in die hohe kahle Haussteinfront wie ein lichtes Tor eingefügt ist, wirkt heute farblos blind. Die festen Quader aus Pietra-Serena-Sandstein, die sonst vom kühlen Grau ins honigwarme Gelb spielen, scheinen wie körperlos. Im Schatten der breitästigen Linden längs der Brüstungsmauer, die im Westen und Norden den Kirchplatz teils kniehoch, teils hüfthoch umzieht, stehen drei Doppelposten mit der Schusswaffe einsatzbereit im Arm.

Die Badia ist ein wehrhafter Bau. Wie ein Wachtposten erhebt sie sich auf dem Hügelvorsprung über dem Fluss, dreistöckig auf der Kirchplatzseite, fünfstöckig gegen Süden hin zu den Spielplätzen und den Gemüseterrassen, sechsstöckig nach Westen zu gegen den Ölberghang. Mit der Villa Salviati, die noch heute als massige Zwingburg das jenseitige Ufer beherrscht, ist sie durch eine Straße verbunden, die sich als helles Band zwischen diesen beiden Festen schwingt. Als abschüssige Steige senkt sie sich vom Kirchplatz zu den Trümmern der gesprengten Römerbrücke, kreuzt zuvor die Faentiner Straße, um dann steil zum Zypressengeviert um die Salviativilla aufzustreben und schließlich flach in die Bologneser Straße zu münden.

Die Villa Salviati beherbergt an die dreihundert Flüchtlinge, in der Badia sind es seit unserem Einzug über vierhundert. Diese Vierhundert hausen in engen, tonnengewölbten Kellern, unterirdischen Laufgängen nicht unähnlich, die mit ihren in den Rand der Gewölbeleibung eingeschnittenen Lichtschächten den Bau in seiner ganzen Breite unterscheiden. Die Menschen hausen in diesen Kellergängen, auf den Treppen, die zu ihnen hinabführen, auf ausgetretenen Steinstiegen, die in noch tieferen, lichtlosen Schlupfwinkeln enden, gut, um sich bei Razzien eilends außer Sicht zu bringen. Es stehen Leitern wie zufällig in schlecht beleuchteten Ecken. Es ist ein Pfiff vereinbart worden, der ertönt, sobald das Kommando den Kirchplatz überquert, und jeder der Männer verschwindet dann in dem ihm bestimmten Winkel.

Heute indessen kriechen alle an das Licht, steigen an die Oberwelt, wagen sich bis in das Erdgeschoss hinauf, schauen, schreien, fragen, rennen aufgescheucht, kopflos wie Ameisen wild durcheinander, sind begierig nach Neuigkeiten.

Wir haben keine Neuigkeiten.

»Wisst ihr nicht …, ein allgemeiner Räumungsbefehl für den ganzen Südhang gegen Florenz … Es wird alles vermint, wer nicht geht, wird erschossen … Die Englischen Schwestern aus San Girolamo hat man einfach in den Wald gejagt, die Klarissinnen haben sie aufgenommen …«.

»Und die Brüder vom Franziskanerkloster?«

»Im Dom und Keller vom Seminar.«

»Und das Spital von St. Antonino, das da oben als Kugelfang steht …?«

»Auch im Keller vom Seminar und der Erzbischof auch. Der Bischofspalast ist Sitz des Kommandos, die Krypta im Dom ist Waffendepot …«.

»Und in San Domenico …?«

»Von San Domenico wissen wir nichts.«

Eine der Frauen fasst mich am Arm.

»Bitte sagen Sie dem Wachsoldaten …«.

Sie hat ihren Satz erst halb vollendet, als ihr schon eine andere ins Wort fällt und sie überstimmt. Eine dritte schafft sich mit den Ellbogen Platz und zwängt sich dazwischen. Eine will mehr Brot, eine mehr Wasser, eine mehr Raum für ihr Kind, eine will nach Haus, um ein paar notwendige Sachen zu holen, zwei Schritte weit nur, ganz nahe, gleich hier am Kirchplatz, das zweite Häuschen an der steilen Steige.

»Später, später«, flehe ich und hebe abwehrend die Arme. »Die Wache kann das gar nicht entscheiden, ich werde den Kommandanten fragen.«

Sie treten beiseite, unwillig zögernd. Ich laufe durch den Kreuzgang, über den Refektoriumsvorplatz und die Treppen zum Küchenstock hinab. Da wo sie rechtwinklig umbiegt, pralle ich gegen einen, der hinaufsteigt, sehe einen rötlichen Schopf, helle Bergsteigeraugen, sehe in Fleisch und Blut den Tiroler Studenten vor mir.

»Sie sind nicht erschossen?« stammele ich.

»Sie sind hier …?«

»Ja«, lacht er, »schon seit einer Woche, seit sie drüben die Villa besetzten. Bislang bin ich nicht verdächtigt, bin sogar Dolmetscher, das heißt allerdings Tag- und Nachtdienst.«

Er nimmt mich beim Arm und führt mich herum.

»Die Wache sitzt, wie Sie gesehen haben, links vom Eingang im Pförtnerzimmer, rechts in den Schrankzimmern sind ihre Depots, das Kommando tagt im großen Kreuzgang, in den Räumen des alten Cosimo, Schlafsaal drei im südlichen Oberstock ist Ausguckposten mit Maschinengewehren im südlichen und westlichen Eckfenster. Am ersten Tag haben sie von dort aus einen jungen Mann, der ausreißen wollte, erschossen, als er über die Ölbergmauer sprang.

»Es wird nicht gescherzt … Doch«, verbessert er sich, »es wird auch gescherzt, alles zu seiner Zeit. Vorgestern hat man mich wegen des Stundenplans zum Wasserschöpfen nach oben befohlen. Ich versuchte ihnen klar zu machen, dass wir zweimal am Tag, mittags und abends, schöpfen müssen, wenn wir zwei Liter pro Kopf ausgeben wollen, was wir hoffentlich durchhalten können. Mit unserem Physikprofessor als Wasserverteiler muss es ja klappen. Ich hatte mich etwas ins Zimmer gedreht, sie stellen einen doch immer so, dass einem das grelle Licht in die Augen fällt, ich hatte mich also ein wenig abgewendet. ›Was geht denn der Kerl dahinten spazieren?‹ höre ich den einen neben meiner Schulter sagen. ›Wetten, dass ich den treffe?‹ Gemacht. Ich höre ein trockenes kneck, kneck, kneck, einen einstimmigen Bravoruf, eine einstimmige Lache, schaue zur Seite und sehe, wie auf dem Rückensteg an der Via Boccaccio unten ein Mann über das Eisengeländer kippt.«

Er zeigt mir im tiefsten Geschoss den Trakt an der westlichen Außenwand, wo etwas abgesondert vom großen Trubel die Padres und er ihre Lager haben, zeigt mir auf dem breiten Gang vor dem Keller für die Geistlichen die Doppeltür zum großen Geräteschuppen, wo sich meine Bauernfamilie mit Kindern, Enkeln, Vieh und Wagen eingerichtet hat. Ein Schwenkhebel über hölzerner Gabel hält die Türe geschlossen, auf deren rohem Holz von ungelenker Kinderhand ›Stall Nummer zwei‹ mit Kreide geschrieben steht. Er zeigt mir den Waschraum, der daneben liegt. Es ist der einzige Waschraum für mehr als vierhundert Menschen.

»Dabei gibt es Waschräume, so viele man will, in jedem Stockwerk. ›Einer für vierhundert Säue ist ganz genug‹ – er ahmt den Tonfall des Oberfähnrichs nach – ›und wenn es Seuchen gibt, Herr Kommandant … Ruhr und Typhus sind auch für Soldaten ansteckend‹. ›Nicht für uns … Wo Seuche ist, wird zugemauert … wer ansteckend ist, wird einbetoniert … durch Zement geht kein Bazillus hindurch.‹«

»Er hat Recht«, sage ich, »durch Zement geht sicher kein Bazillus hindurch.«

In der Nacht kommen eilige Radler vorüber, atemlos mit roten Gesichtern, die feldgrauen Hemden kleben ihnen am Rücken. Sie bringen Meldungen in das Wachquartier und hetzen weiter. In der Nacht verlassen die letzten deutschen Soldaten den engeren Stadtbereich von Florenz, bei Tagesanbruch kommen die Männer aus ihren Häusern, die Partisanen besetzen die Stadt, alliierte Truppen setzen über den Arno. Die Frontlinie verläuft nunmehr vom Marsfeld her längs des Hügelflusses, längs der Bahnstrecke bis zum Mugnone-Südlauf. Die Beschießung des Hügels nimmt an Heftigkeit zu.

Nach drei besonders unruhigen Nächten siedeln auch wir in die tieferen, schon überfüllten Gänge hinter dem Küchenvorplatz um, an dessen Wand wie gebuckelte Schilde des Mittelalters große, runde Kochkesseldeckel mit in der Mitte verschraubten Holzgriffen hängen.

Mein Gärtner und der Gärtner und Fahrer des Arztes mit ihren Familien finden Platz für ihre Pritschen, dort, wo sich vor dem Holzkohlenverschlag der Keller winklig erweitert, wo vom Heizkesselraum Licht einfällt und vom Südausgang, der ins Freie führt, frische Luft zuströmt.

Dicht neben ihnen steht der Liegestuhl der Faschisten-Gattin und die Stühle ihrer beiden Dienstmädchen.

Sie wäre den Soldaten nicht aufgefallen. Sie war zwar sonst eine sehr modisch gekleidete Frau, aber in einem Massenlager im Holzkohlenverschlag mit nicht mehr als einem Näpfchen Wasser, um sich zu waschen, mit nichts als einem Taschenspiegel, um sich das Gesicht und die Haare zu richten, im Dämmerlicht, das Mängel freundlich verschleiert, in schlaflosen Nächten, im Herdenleben, im Stallgedränge, in der Angst, die müde und gleichgültig macht, verwischen sich Unterschiede schnell, alle bekommen gleichmäßig graue und stumpfe Züge. Wer nicht auffallen will, fällt auch nicht auf.

Ihr Mann hat sich bereits am dritten Kampftag – nicht vor den Deutschen, die er schätzt, doch vor den Partisanen, die er fürchten muss – nach Florenz in Sicherheit gebracht, während sie, taub gegen sein Drängen, noch Hab und Gut aus dem nahen Haus bergen und ihm danach erst folgen möchte. Darum hat sie es für klug gehalten, am Abend nach seinem Fortgang drei Mann der Badia-Besatzung zu einer Art Festmahl einzuladen, um auf sich aufmerksam zu machen als der Gattin des von höchster deutscher Parteistelle mit Orden ausgezeichneten Vorsitzenden der Waffenstillstandskommission. Es wird ihr auch einmal gestattet, mit den beiden Mägden Gepäckstücke aus der amerikanischen Villa, die sie bewohnt hatte, zu bergen.

Sie ist guter Dinge. Es macht sie nicht unruhig, als man am Morgen nach unserer Kellernacht ihre beiden Mädchen in eines der unversehrten Häuser an der Brücke unten befiehlt, wo sich tagsüber manchmal das Kommando aufhält.

Nach Stunden erst kommen die beiden zurück, mit rot geweinten Augen und verkniffenen Lippen, und niemand, nicht einmal ihr Beichtvater, vermag sie zum Reden zu bringen, so sehr sind sie beherrscht vom Gebot des Schweigens, das man ihnen offenbar auferlegt hat. Spricht man sie an, schütteln sie die Köpfe, schieben die Unterlippen vor, schlucken und sind den Tränen schon wieder nahe.

So vergeht der Tag und der Abend.

Es ist Mitternacht, als, umringt von seinem Gefolge, behelmt und bewaffnet, wie stets, wenn er etwas im Schilde führt, der Oberfähnrich auftritt. Er trägt das Deutsche Kreuz in Gold, das ihm in diesen Tagen verliehen wurde.

»Hier ist sie«, sagt einer der Soldaten, und zwei Lichtkegel aus zwei Taschenlampen kreuzen sich in Liegestuhlmitte, gleiten wie miteinander verkoppelt gleichzeitig bis zu ihrem Kopf hinauf und blenden ihr die Augen.

Die beiden Dienstmädchen beginnen zu schreien. »Nein, nein, nein!« kreischen sie.

Schon brodelt Unruhe ringsum, schlecht verhaltene Schreckens-Schluchzer werden laut, es klingt, als stiege einer Reihe von Menschen das Wasser bis zum Hals und klatsche ihnen in die offenen Münder. Nur sie ist gefasst, steht gelassen auf, greift eine Handtasche, ermahnt ihre Mädchen, still zu sein.

»Was nützt das Schreien«, sagt sie. »Was sein muss, muss sein.«

Sie tappen eine nach der anderen hinaus, dem strammen Schritt ihrer Häscher voran.

Wer zuvor schlief, wer die Augen im Halbschlummer geschlossen hatte, der hält sie nun in wacher Erwartung dessen, was mit den drei Frauen geschehen mag.

Einer der Soldaten kommt noch einmal zurück, ruft den Studenten.

»Alexander«, ruft er, »Alexander, dolmetschen!«

Sie nennen ihn alle beim Vornamen, sein Nachname sei ihnen zu welsch, sagen sie.

Er berichtet mir in der Frühe über den Hergang des Verhörs.

Man fragt sie nach dem Verbleib ihres Mannes. Er sei im Norden, sagt sie. Genaueres wisse sie nicht. Man lässt sie ihren Handkoffer öffnen und verlangt Aufklärung über Zweck und Herkunft eines Revolvers, den man darin findet. Eine Frau allein mit zwei kopflosen Mädchen, sagt sie und krampft den Mund zu einem Lächeln, sicher ist sicher.

Die Mädchen ducken sich in den äußersten Zimmerwinkel. Sie halten einander umschlungen, Schulter an Schulter geschmiegt. Ihr Schluchzen wallt auf und schwillt ab, wallt auf, schwillt ab. Der Oberfähnrich wirft einen Blick hinüber, während der Vize in den Koffern wühlt.

Sein Blick ist hart und weich zugleich, ist herrisch, genießerisch und begehrlich. Er tastet die wohlgerundete kleine Gestalt, das glatte Pfirsichgesicht des jüngeren Mädchens mit den Augen prüfend ab. »Du gehörst mir«, sagt dieser Blick, »und wenn Du willig bist, wird Dir kein Haar gekrümmt.«

Sie hebt für einen Augenblick die tränennassen Lider und versteht. Von nun an schluckt sie nur noch selten wie unfreiwillig auf. Die Köchin jammert allein.

Man fragt die Frau, wohin sie gehen will.

Sie bittet, sie nach Norden zu schicken, nach Fasane, wo sie ihren Mann treffen kann, oder nach Mailand, wo ihre Eltern leben.

Danach schickt man die drei auf den Weg, das heißt, auf die erste Etappe des Weges, den Hügel hinauf bis zu dem Haus, das der Oberfähnrich bewohnt.

»Das weiche Bett lockt, dalli, dalli!« drängt der Vize, und der Oberfähnrich legt für einen Augenblick seine Hand besitznehmend auf die Schulter der Kleinen, wie um sie zur Eile anzutreiben.

Am nächsten Morgen nach der Messe bringt uns der Däumling weitere Kunde. Es ist der erste der Hundstage, der Tag der Himmelfahrt Mariä, und die Padres haben Erlaubnis erhalten, uns in einem der Keller eine Messe zu lesen.

Der Däumling hat die Messe versäumen müssen, aber dafür hat er eine der Frauen gesehen. Er ist der Haarschneider aus San Domenico, ein zartes, schüchternes, kleines Männchen, mit der gelblichen Farbe der Leberkranken, jedoch flink in seinem Gewerbe, ein gläubiger Christ und von allen gut gelitten.

»Kein Haarschneider hier?« brüllte an einem der ersten Morgen ein Soldat durch die Kellergänge.

»Der, ein Haarschneider …, der ist ja ein Däumling«, lachte er, als der Kleine vortrat, und seitdem heißt er nicht anders.

Die Herren lassen ihn sich zur Pflege von Haar und glattem Kinn unter Bewachung zur Villa bringen. Es ist kein geregelter Dienst im Anfang, fortan hingegen, mit Rücksicht auf die Damengesellschaft, wird er häufiger befohlen.

Der Däumling ist der kleinen Rosina begegnet, ehe er beim Oberfähnrich eintritt. Sie hat Frühstück für zwei Personen auf einem Brett und ist dabei, es den beiden Frauen in den Keller hinunterzutragen.

Als er sich nach getaner Arbeit zum Fortgehen bereithält, sieht er sie im Schatten des Ziehbrunnens draußen in einem Lehnstuhl sitzen und in einer Illustrierten blättern. Sie sieht etwas übernächtigt aus, hat ihre Lippen rot gemalt und ihre Brauen nachgezogen.

»Wie geht's …?« fragt er sie leise.

»Hm … nicht so übel …, jedenfalls mehr Raum und mehr Luft und besseres Essen als bei Euch unten.«

„Und die anderen beiden …?«

Er weist mit dem Kopf in die Richtung des Kellers, von wo er Weinen zu hören glaubt.

»Sie sind eben unvernünftig«, sagt sie und legt das Gesicht in wichtige Falten, »unvernünftig und widerspenstig und wollen um jeden Preis weiter, vielmehr ohne zu zahlen weiter … Von nichts kommt nichts …«.

Die Padres raten ihm dringend, mit niemandem darüber zu sprechen. Die Frauen sind ohnedies unruhig genug und besorgt. Der Däumling sagt es auch niemandem, außer seiner Frau natürlich, mit der er sehr glücklich lebt, und überdies soll man vor seiner Frau kein Geheimnis haben.

In weniger als einer halben Stunde wissen es alle.

Die weiblichen Flüchtlinge – und es sind vorwiegend Frauen, denn die jüngeren Männer, die nicht verschleppt sind, halten sich versteckt – dieses leicht erregbare Frauenvolk scheidet sich alsbald in zwei ausgesprochen feindliche Lager. Die einen halten sich ängstlich im Dunkeln, schieben ihre Töchter in die hintersten Ecken, bürsten ihnen die Haare unkleidsam straff, verknoten sie fest mit Baumwollschnüren und beten, dass keiner der Teufel ihre Unschuldsengel erspähe. Die anderen drängen sich vor in die Helle, haben keine Angst vor Maschinenpistolen, steigen gern in die Villa Dupré hinauf, wo sie für die Soldaten waschen, lassen sich mit Wein und Likör bewirten und mit ›Kapitalistenplunder‹ beschenken, wie die Soldaten ihre Beute nennen. Sie sind es auch, die spät heimkommend das Badiaportal mit einem großen weißen Tuch verhängt sehen, dem ein rotes Kreuz aufgeheftet ist. Zu jeder Arbeit bereit, schaffen sie wirklich, kochen Essen für alle, für Wachhabende, Priester und für die Vierhundert, backen Brot, waschen Teller, putzen die Küche. Es nimmt den ganzen Tag kein Ende, doch sind sie dafür den Fleischtöpfen näher und auf lange Sicht besser ernährt als die Tugendsamen, die lieber unsichtbar bleiben und auf einer trockenen Brotrinde kauen, wenn sie der Hunger nicht schlafen lässt.

»Und zu denken, dass die Rosina verlobt ist«, sagt kopfschüttelnd eine der braven Frauen, »und dass ihr Verlobter mit den Partisanen kämpft …«.

»Und dass der Kapitän verheiratet ist und Kinder hat …, die arme Frau.«

Sie nennen ihn hartnäckig Kapitän, können nicht begreifen, dass der Oberfähnrich nur ein angehender Leutnant ist, der wohl seiner großen Kaltblütigkeit wegen diesen wichtigen Posten hat.

»Glück hat sie gehabt, die Rosina, mit ihrem Kapitän«, sagt eine der stets Bereitwilligen. »Wenn ich an die Dame und die Köchin denke, mit dem dicken Vize zum Beispiel, da wären mir die beiden anderen Leute des Kapitäns schon lieber.«

»Na überhaupt …«, sagt ihre Freundin, »die sind gar nicht übel, sehen richtig wie zum Anbeißen aus.«

»Sind ja auch vergeben, werden angebissen«, wirft eine dritte ein. »Hast Du nicht gehört, was der Carlo erzählt hat, die Frau Stationsvorsteher von Montorsoli mit Tochter und Nichte wohnen bei ihnen in einem mit Damast und Seide behängtem Keller mit Atlasmatratzen am Boden, keine Arbeit außer

Kochen, dafür alles, was sie wollen, Kleider, Schuhe, feine Wäsche, Essen, Trinken ... ein richtiges Damenleben.«

»Ein Hurenleben!« fährt die sanfte Zaira dazwischen, die verwitwet und leidend ist und eine Tochter als Novizin im Kloster hat. »Dass ihr Euch nicht schämt, den Mördern Eurer Väter und Brüder zu Willen zu sein ..., eine Schmach und Schande!«

Die so Angeredeten – sie gehören zu einer Gruppe von Weibern aus der Faentiner Straße, die bei den Bauern und kleinen Werkleuten der Nachbarschaft von jeher schlecht beleumdet waren – gehen mit gekrallten Fingern auf Zaira los, da sie weder Kochlöffel noch Feuerhaken noch Besenstiel in Reichweite haben. Padre Lidio, der nebenan im Heizkesselraum den Kindern mit Geschichten und Liedersingen die Zeit vertreibt und ihnen so über den Hunger hinweghilft, wirft sich kurz entschlossen dazwischen, schlichtet mit kräftigen Armen den Weiberstreit. Er stammt aus der südlichen Toskana, vom Lande, und hat bei allem, was er anpackt, den bäuerlichen Ernst des besorgten Familienvaters.

»Wer Aufruhr macht, bekommt nichts zu essen«, sagt er. »Es ist ein Ochse geschlachtet worden, ihr müsst das Fleisch zerlegen, ihr müsst den Hefeteig für das Brot ansetzen.«

Die Zanksüchtigen drängen an ihm vorüber zum Vorratsraum, machen sich mit wütendem Eifer an die Arbeit.

»Waren Sie schon unten im Stall?« fragt mich Padre Lidio. »Es geht der kleinen Annina nicht gut. Ich will versuchen, sie mit ihrer Mutter zum Kinderspital am Regresso zu bringen.«

Seit dem Morgen unseres Auszugs ist das faustgroße Gesicht der Kleinen noch grauer, noch durchsichtiger, noch geschrumpfter geworden. Die Jungbäuerin ist schon dabei, etwas Säuglingswäsche und die notwendigsten Dinge für sich selbst in ein Bündel zu schnüren. Ich kenne sie immer nur frisch und flink und heiter, aber heute ist sie langsam und unbehend, greift fehl ins Leere.

»Ich ginge nicht«, sagt ihre Schwägerin, die auf einer umgestürzten Bütte neben ihr sitzt und die leise wimmernde Kleine im Arm hält. »Ihr könnt sagen, was Ihr wollt, aber ich ginge nicht. Das Spital steht unter einem bösen Stern, das könnt Ihr einfach nicht leugnen …«.

Das Krankenhaus wurde im letzten Jahr zweimal von Bomben getroffen, hat zweimal die Heimstätte wechseln müssen und ist seit dem Frühjahr in einer Villa am Kreuzweg nach Maiano untergebracht.

»Außerdem liegt es genau in der Feuerlinie«, sagt die Schwägerin.

»Ach, lasst mich in Ruh«, wehrt die Jungbäuerin.

»Es liegt in einer Geländefalte«, wirft der Jungbauer ein, »und hat überall sichtbar rote Kreuze.«

»Wie die Deutschen sie gerne verwenden, um ihre wichtigen Stellungen zu tarnen«, erklärt der Schwager, dessen Frau das kranke Kind betreut, »ganz zu schweigen von der gefährdeten Straße, die ständig unter Feuer liegt.«

»Ich nehme den Fontanellaweg unterhalb des Klosters«, sagt Padre Lidio, »und dann den geschützten steilen Pfad durch den Ölberg direkt zum Spital hinauf. Doch wir müssen uns eilen, wer weiß, wer hier auf Wache kommt, wenn der freundliche Gerhard abgelöst wird.«

»Und ich bleibe dort, bis die Schlacht vorbei und der Krieg für uns alle zu Ende ist«, sagt die Jungbäuerin tapfer und folgt mit dem Kind im Arm dem Pater.

Es wohnt noch eine Bauernfamilie aus dem Tal mit Kind und Vieh im Stall Nummer zwei. Ihnen gehörte der Ochse, der heute geschlachtet wurde. Wir können ausrechnen, wann unsere Jungtiere an die Reihe kommen und wann unserer Kuh das letzte Stündlein schlägt, deren Milch die vielen Flüchtlingskinder kärglich ernährt. Selbst der alte Bauer hat kaum noch Hoffnung, dass die Schlacht schneller zu Ende gehen wird und wir bald befreit werden könnten.

»Es sei denn, dass ein Wunder geschähe …«.

»Wunder geschehen heute nicht mehr«, sagt sein Sohn.

Der breite Gang, an dem Stall und Waschraum liegen, öffnet sich gegen die Gemüseterrassen, läuft aus in ein Steingebiet, auf dem der Hühnerstall steht. Zwei Soldaten kommen vom tieferen Feld die Hühnerstiege hinauf, schieben eine ältere, eine jüngere Frau und zwei Mädchen von zehn und zwölf Jahren vor sich her.

Beinahe täglich, seit Florenz befreit ist, versuchen Leute, sich in den verlassenen Gärten des Hügels ungeachtet der Gefahr eine billige Mahlzeit zu pflücken. Viele werden dabei schwer, manche tödlich verletzt.

Diese Vier sind urplötzlich nach der Hügelkante dicht neben dem Posten aufgetaucht, der Befehl hat, auf alle Zivilisten zu schießen, die sich im Gelände bewegen. Aber sie waren schon zu nahe, er brauchte nur den Arm auszustrecken, um sie zu greifen.

Ich weise auf ihre Strohtaschen und Netze, erkläre den Zweck des gefährlichen Ausflugs.

»Man riskiert sein Leben nicht wegen ein paar Tomaten …«.

»Wenn man hungernde Kinder zu Hause hat …«.

»Das muss der Kommandant entscheiden.«

Man schiebt mich unsanft beiseite, sperrt die Vier, die sich verzweifelt sträuben, in einen lichtlosen Verschlag, der neben dem Waschraum an der Gebäudesüdwand liegt, und verrammelt die Tür.

Die Frauen trommeln mit Fäusten und Füßen dagegen, die Mädchen weinen und schreien, rufen »Mutter«, rufen nach Wasser. Man hört ihre Stimmen bis nach oben in den Küchenstock hinauf. Ich steige noch eine Treppe höher, ich möchte den Ostpreußen abfangen. Er muss, wenn er nach unten geht, am Refektorium vorüberkommen.

Die Refektoriumstür steht offen, der weite Raum ist menschenleer.

Ich rücke mir einen Strohstuhl so, dass ich den Vorplatz im Auge habe und wende mich dem heiteren Fresko zu, das die breite Westwand schmückt und auf dem Engel den Gottessohn nach vierzig Tagen Versuchung in der Wüste mit allem Gewächs und Getier der fruchtbringenden Erde speisen. Mir zunächst ist der kleine, weinende Engel, der den Teller mit den gebackenen Vögeln zerbrach.

Ich sitze dort lange, erkenne den Schritt des Ostpreußen erst, als er schon auf der Schwelle innehält und dann auf mich zukommt.

Ich berichte ihm kurz über die vier Häftlinge im Kellerverschlag.

Auf dem Vorplatz draußen höre ich Schritte und sehe die Bäuerin mit dem kranken Säugling vorübergehen, gefolgt von Padre Lidio und einem Dominikanerpater; ich winke sie herbei.

Die Kunde von den verhafteten Frauen hat Padre Lidio noch unterwegs erreicht. Wir sind in unseren Kellerquartieren bewacht, unentrinnbar gefangen, und doch breiten sich Gerüchte schneller aus als Nachrichten durch fliegende Boten. Padre Mosti ist gekommen, um für die Unschuld der Vier zu zeugen, die er als Kinder seiner Pfarrei gut zu kennen vorgibt. Der Ostpreuße hört bereitwillig zu.

Mit gewichtigen Schritten begibt er sich dann in den unteren Keller, reißt den Verschlag auf, auf dem von der gleichen Kinderhand, die das Schuppentor bezeichnete, das Wort ›Gefängnis‹ geschrieben steht.

Die Vier finden sich nicht gleich zurecht, schauen wie mit erstarrten Lidern, die sie nicht mehr schließen können, in das grelle Mittagslicht.

»Erschießen Sie uns jetzt?« flüstern die Mädchen.

»Versprich mir, Padre«, schluchzt die Kleine, »dass man mir vorher mein Matrosenkleid anzieht und mich neben meinem Vater beerdigt …«.

Padre Mosti breitet fittichgleich die Arme mit den weißen, weiten Ärmeln aus, schließt sie schützend um die beiden Kinder und macht sich mit ihnen und den beiden Frauen rasch auf den Weg.

»Und wer hilft Annina …?« frage ich. »Ja, wer rettet Annina …?«

Padre Lidio zuckt müde die Achseln.

Das Kinderhospital ist nach Florenz übergesiedelt, auf Bahren, auf roh zusammengeschlagenen Tragen, ja, auf ihren Rücken haben die Nonnen am Tag, als für den Südhang der Räumungsbefehl kam, die kranken Kinder zur Stadt getragen. Auch das Camerata-Spital, das Altersheim der Passionistinnen, die Padres vom Dominikanerkloster, die Nonnen aus Schule und Kinderheim haben überstürzt ausziehen und bei den Missionaren in Villa Pisa Unterschlupf suchen müssen, die nach beiden Fronten hin im Schussfeld liegt. Die wenigen Gesunden und Jungen haben Splitterschutzwände vor die freiliegenden Kellerfenster gebaut. Das Wasser ist dort wie bei uns knapp, man hat kein Mehl mehr, nur Korn, das in Tag- und Nachtschichten mit einer Kaffeemühle gemahlen wird.

»Und bei uns beklagt man sich, fünfzig Gramm Brot am Tag seien zu wenig, statt für jeden Bissen und jeden Tag, den Gott uns schenkt, dankbar zu sein.«

Er legt seine Hände wie zum Dankgebet gegeneinander und eilt neuen Pflichten entgegen.

Es ist die Stunde der abendlichen Essensausgabe, die Stunde der abendlichen Unruhe. Wer wird heute auf Wache kommen? … Wird der Kommandant uns schrecken? … Wird man wieder mit Drohungen das Abliefern von Uhren verlangen? … Wann wird das Trommelfeuer beginnen? …

Die Nacht wird vielleicht friedlich verlaufen. Wieder steigt Gewittergewölk vom Westen her auf. Die Sicht wird schlecht. Mit falschem Rot sinkt die Sonne in die Mulde des Monte Rinaldi. Ich sitze auf dem Steingeviert vor dem Hühnerstall, dem nun wieder offenen Verschlag gegenüber. Das Licht des Sonnenuntergangs trifft voll meine Augen. Ich decke schattend die Hand darüber und sehe unter mir im Gelände zwei Gestalten auftauchen, die von der Via Boccaccio her den Ölberg der Schifanoia kreuzend die Gemüsefelder der Badia erreichen. Durch Tomatenstauden und Kartoffelreihen kommen sie geradewegs auf die Hühnerstiege, auf den Eingang zu, vor dem ich sitze.

Ich erkenne den schmalen Kopf, die zwei Meter hohe Gestalt des jungen Priors aus Fontelucente. Mit seinem kämpferischen Gang gemahnt er mich immer an den Streiter Georg, der auszog, den Drachen zu töten. Ein Franziskanerbruder ist bei ihm. Die tragen zwischen sich eine leere Bahre.

»Wieder ein Tag voller Schrecken und Gottessegen«, sagt Don Giustino und streckt mir die Hand entgegen. »Das ist Fra Pacifico, Pfleger im Franziskanerkloster, besonders erfahren im Transport von echten und falschen Kranken und unlängst beinahe als Spion erschossen.«

Rotbackig und starkknochig sieht er tatsächlich aus wie ein toskanischer Bauernbursche, der sich als Laienbruder verkleidet hat.

Sie schieben die Bahre in den Gang hinein und lassen sie nieder.

Ehe er seinen morgendlichen Hügelaufstieg im Granatfeuer begann, um das tägliche Brot zu holen, das er mit Arzneien und tröstlichen Nachrichten in den Verstecken verteilt, hat der Prior im Keller des Calderaio einen Gottesdienst abgehalten. Dieser vordere große Kellerraum hat von der Flußseite her seinen Zugang, in friedlichen Zeiten diente er als Stapelraum für leere Kisten, Körbe und Damigiane. Hier las er auf einem umgestürzten Bottich als Altar seine Messe, sie ist ungestört verlaufen, die fünf Männer in der Zisterne haben sogar gewagt, ihre Köpfe über den Rand zu heben und mit gedämpften Stimmen mitzusingen.

Sie stehen in der jetzt trockenen Zisterne in einem vermauerten Verschlag, wo sonst Brennholz und Holzkohle lagern. Stöße von riesigen Reisigbündeln verbergen den der Atemluft wegen beiseite geschobenen Deckel. Einer der fünf ist der Koch Federigo, den seine Schwägerin eines Morgens weißlippig, mit aufgerissenen Augen, vor Schreck verstummt, in mein Zimmer zerrte, wie ein störrisches Tier riss sie ihn voran. In der Nacht hatten Schergen von Carità seinen Brotherrn und dessen Familie verhaftet, weil sie englische Kriegsgefangene betreuten. Federigo selbst wurde misshandelt, seiner Frau und seinen Kindern wurde der Tod angedroht. So hatte er sich schließlich in seiner Verzweiflung verpflichtet, am gleichen Tag in Caritàs

Foltervilla als Koch anzutreten. Es war uns nur durch ein Wunder gelungen, ihn vor weiterem Zugriff zu schützen.

Ihm fällt nun das Amt zu, den täglichen Anteil der knappen Vorräte unter die hundert Hungrigen aufzuteilen. Wenn die Morgenkontrolle vorüber ist, kriecht er aus der Zisterne und steigt über die Treppe, die längs des Verschlages nach oben in die Küche führt.

Die Soldaten sind heute schon vor der Messe gekommen, weil sie den Nachtposten draußen im Laufgraben ablösten. Jetzt ist alles still. Kein Soldatenstiefel ist durch den kleinen Lichtschacht im Weinkellergewölbe zu sehen, kein genagelter Schritt auf dem Zementplatz neben dem Haus zu hören, wo früher Bauern und Arbeiter an Sommerabenden bei einem Glas Wein unter den bestaubten Platanen saßen. Von hier führt ein Pfad zum Mugnone hinunter, hier weht des Abends ein leichter Hauch über dem schmalen Rinnsal, das sich zwischen den sonnengebleichten Kieseln des sonst trockenen Flussbettes entlangwindet.

Kein Stiefel, kein Schritt, kein Kommandowort, Federigo kann es wagen, seines Amtes zu walten.

Er ist nahezu mit seiner Aufteilung fertig, springt langbeinig über die Treppe zum Keller hinab, als es an das Kellertor pocht. Wer da Einlass begehrt, muss von der Straße herab auf den schalldämpfenden Ufersand gesprungen sein, der jeden Schritt lautlos macht. Es ist vielleicht ein Flüchtender, der ein Versteck sucht. Trotzdem lässt die Angst, die alle von morgens bis abends beherrscht, die Frauen zögern, sogleich zu öffnen.

Die Schläge werden stärker, ein deutscher Kasernenhoffluch erschallt.

Inzwischen hat Federigo es fertiggebracht, sich in Sekundenschnelle um den Verschlag herumzuwirbeln und in die Zisterne hinabzulassen, ohne dass ein Lufthauch von ihm zurückbleibt. Kein Reisig knackt, kein zitterndes, welkes Blatt verrät ihn. Der Feldwebel jedoch, der jetzt zornrot eintritt, bleibt dabei, er habe einen Mann gesehen, einen großen dunkelhaarigen Mann, dieser Mann soll sich sofort stellen.

Hatten etwa die vor Angst flatternden Hände den Riegel doch zu früh aufgerissen, oder war das Ganze nur eine Falle?

Drei magere stoppelbärtige Greise humpeln lahm aus ihren Ecken, erklären mit brüchigen Stimmen, niemand anders als sie seien hier auf- und abgewandelt, der eine am Treppenfuß, der andere längs der Backsteinwand, der dritte sei sogar ein paar Stufen hinaufgestiegen. Zwei sprechen lispelnd zwischen den Lücken ihrer nahezu zahnlosen Münder, sind kaum zu verstehen. Der Feldwebel hört auch kaum zu, er macht mit seiner Taschenlampe die Runde, leuchtet in jeden Winkel und durch die Reisigstapel hindurch von rechts, von links, sieht nichts, findet nichts und niemanden, begreift, dass er nichts finden wird. Die Leute im Auge behaltend, macht er ein paar Schritte rückwärts gegen den Eingang hin und sagt: »Ein Mann war hier. Ich habe ihn gesehen. Ich lasse Euch fünf Minuten Zeit. Kommt er bis dahin nicht zum Vorschein, setze ich das Haus in Brand und wer verbrennt, verbrennt.«

Damit geht er.

Tumult bricht los, kaum dass sich die Tür hinter ihm schließt.

Alle schreien, heulen und schluchzen durcheinander. Niemand ist mehr im Stande, klar zu denken. Federigos Frau rauft sich die Haare, reißt sich das Kleid von der Brust, glaubt zu ersticken. Sie, niemand anders als sie ist es ja gewesen, die den Riegel zu hastig aufstieß und die nun schuldig wird am Tod ihres Mannes und aller anderen Männer. Sie zieht ihre beiden Buben an sich, hält sie weinend umklammert.

»Wir wollen auch sterben«, jammert sie, »wir sterben alle mit ihm.«

Das Reisig knistert. Federigo tritt in ihre Mitte. Sein Gesicht ist weiß wie Porzellan, so weiß, wie an jenem Morgen nach dem Verhör durch die Republikaner.

»Sei still«, sagt er zu seiner Frau und legt ihr die Hand auf den Kopf. »Ich stelle mich. Es ist besser, einer stirbt, als dass alle sterben.«

Er springt die Treppe hinauf in die Küche und kommt gleich darauf wieder zurück mit einem Stück Brot und einer gebratenen Kaninchenrippe, eben rechtzeitig, um dem Feldwebel, der sich in diesem Augenblick erneut in der Türe zeigt, gewissermaßen entgegenzugehen.

Diesem zuckt es über sein Gesicht, das sich nicht entspannt.

Er faucht Federigo an, will wissen, wo er war. Der stopft sich schnell einen Bissen in den Mund.

»Auf dem Gabinetto«, erklärt er mit vollen Backen kauend, was seiner unsicheren Stimme scheinbare Festigkeit gibt, während die Hände um Brot und Fleisch gekrampft Halt finden.

Das Weinen und Jammern schwillt von neuem an, auch die Kinder, selbst die Säuglinge, die nicht ahnen, worum es geht, stimmen mit ein. Federigos Schwager, der ein paar Brocken Deutsch spricht, der Gastwirt und sein Bruder mischen sich ein. Sie hausen auf dem anderen Mugnoneufer in einer kleinen Felshöhle, die im Frieden als Hühnerstall diente und gerade für zwei Strohsäcke Platz hat. Sie sind dem Feldwebel nicht unbekannt, er holt sie häufig bei Nacht zum Graben von Minenlöchern. Federigo sei Chef der Volksküche und sehr deutschfreundlich, behaupten sie.

Ein Junge benutzt die Verwirrung, schleicht sich fort und rennt hügelauf nach Fontelucente, um den Prior zur Hilfe zu holen.

Der kommt im Eilschritt gelaufen, gibt natürlich vor, zufällig des Wegs zu kommen, niemals vorbeizugehen, ohne nach seiner Herde zu schauen. Die Gefahr scheint für den Augenblick abgewendet. Der Feldwebel steht zwar immer noch finster verbissen da, die allgemeine Erregung ebbt jedoch allmählich ab, nur Federigos Frau hat ihren Schock bislang nicht verwunden und wird noch auf Jahre hinaus daran kränkeln.

»Ich konnte mich nicht lange aufhalten«, erklärt Don Giustino, »wir mussten heute den Giovanni wegschaffen. Seit dem Vorfall mit dem Carabinieri erschien er mir zu gefährdet.«

Dieser Giovanni aus Scarperia, im Herbst 1943 nach Deutschland verschleppt, hatte sich, um wieder nach Hause zu kommen, in die Liste der Republikaner eingeschrieben, wurde ausgerechnet der SS zugeteilt und war, kaum dass er Italien erreicht hatte, entflohen.

Zu Hause konnte er nicht bleiben, er wurde gesucht und lebte seit Monaten beim Prior in Fontelucente, der ihm das sicherste Versteck einräumte. In der Felshöhle, wo der Quell entspringt, hatte man auf zwei vorragende Blöcke, über denen der Felsspalt sich verengt, in Mannshöhe einen Balken geschoben. Zwei, ja drei magere Männer finden stehend in diesem Steinschacht Platz, und der Zugang zur Quellgrotte wird durch den Sakristeischrank verstellt.

»Trotzdem war seine Anwesenheit für uns alle gefährlich, hätte man ihn gefunden, wir wären alle verloren gewesen. Ich habe falsche Dokumente und einen Krankenschein für Giovannis Frau besorgt, und weil die Erlaubnis vom Kommando nicht kam, sind wir ohne Erlaubnis auf Schleichwegen bis zur Stellung der Partisanen und nach Florenz hinabgestiegen, Giovanni und sein Schwager in schwarzer Kutte und schwarzer Kapuze als waschechte Misericordiabrüder, eine gesuchte Antifaschistin im geliehenen Nonnenkleid, auf der Bahre Giovannis Frau als vermeintliche Kranke mit einem kleinen Neffen als untergeschobenem Kind, dazu Schwiegermutter, Schwägerin und Tanten als Klageweiber. Wir sind keinem deutschen Posten begegnet, ein paar Patrouillen stapften in einiger Entfernung ziemlich eilig bergauf, Kuriere offenbar, leider noch nicht die Nachhut dieser erlesenen Truppe.« Ein Lächeln überfliegt sein Gesicht. »Aber manchmal gelingt es eben doch, diese Obergestrengen und Neunmalklugen, denen scheinbar gar nichts entgeht, zu überlisten.«

»Das allein lohnt die Gefahr«, meint Fra Pacifico. »Und was war mit den Carabinieri?« frage ich.

»Als die drei, die noch in Fiesole waren, sahen, wie die Dinge laufen«, sagte Fra Pacifico, »haben sie Waffen und Munition vergraben, wollten als Misericordiabrüder verkleidet nach Florenz entkommen, was ihnen nicht gelang, so versteckten sie sich in den unterirdischen Gängen des Amphitheaters. Nach ihrem Verschwinden wurden zehn Geiseln festgenommen, die man erschießen wollte, falls die Carabinieri am nächsten Tag ihren Dienst nicht wieder aufnähmen. Der Gemeindesekretär brachte ihnen heimlich am Morgen die Meldung. Sie haben den Deutschen nicht dienen wollen, aber unter diesem Druck mussten sie wohl oder übel auf ihren Posten zurückkehren, es gab keinen anderen Ausweg. Sie stellten sich, man befahl ihnen, sich wieder zu uniformieren und zu bewaffnen, führte sie in den Garten der Pension Aurora und erschoss sie unter den Fenstern des Zimmers, in dem man die Geiseln gefangen hält. Die werden natürlich trotzdem nicht freigelassen. Es ist immer gut, etwas Schlachtvieh als Vorrat zur Hand zu haben …«.

Am Abend des siebzehnten gegen acht Uhr flog die seit Wochen minierte Bogenbrücke der Straße in die Luft. Am folgenden Morgen, nicht lange nach fünf Uhr, wird die Straßenkreuzung von San Domenico gesprengt. Als Steinregen und Staubwolken sich gesenkt haben, klafft ein Krater in ganzer Straßenbreite, das Zollhaus ist vom Boden verschwunden, die Dächer der nahen Häuser und das Kloster sind abgedeckt, ihre Wände sind geborsten. Für uns klingt dieser Sprengdonner wie Freudenschüsse.

»Wenn die Minen in San Domenico und unter der Bologneser Straße hochgehen, türmen wir, das ist das Zeichen«, hat Willy, der Meldegänger, mehr als einmal wichtigtuerisch gesagt.

Drei junge Dominikaner verlassen alsbald ihr Versteck bei den Partisanen in der Villa Morgan und eilen in ihr Kloster zurück, das sie befreit glaubten. Während des Rundgangs durch das leere, beschädigte Haus auf der Suche nach ihren

Brüdern hören sie unverkennbare, allzu bekannte Schritte, verkriechen sich in einem halb verschütteten Winkel. Ein Erkundungstrupp von Partisanen stößt bis San Domenico vor, wird mit einem Geschosshagel und dem Ruf ›Tommy! Tommy!‹ von den Deutschen empfangen, die noch jenseits der aufgesprengten Straße im Camerata-Spital verschanzt sind.

Nichts hat sich geändert. Die Beschießung geht weiter, die Verminung des Hügels geht weiter.

Ehe die Dämmerung fällt, werden aus der Badia drei Männer geholt, um auf dem Kirchplatz, rechts vom Eingang zum Kolleg Deckungsgräben für die Posten und Minenlöcher auszuheben. Sie sind noch nicht lange bei der Arbeit, stehen kaum knietief im bröckeligen Boden, als über ihnen Kugeln pfeifen. Maschinengewehrsalven knattern von einer höher am Hügel gelegenen Stellung in Richtung Kirchplatz. Zwei der Männer ducken sich. Carlo hingegen, meines Bauern ältester Schwiegersohn, springt beiseite zum Haus hinüber, wirft die Hände auf das Herz. »Ich bin verwundet!« ruft er und sinkt zusammen. Er stirbt, als man ihn auf den Tisch der Pförtnerstube legt.

Noch weiß niemand von diesem Vorfall, nur Carlos Frau zeigt sich plötzlich unruhig, verlangt bänglich nach ihrem Mann. Er sei unterwegs nach San Domenico, um sich verbinden zu lassen, weil ihn ein Schuss gestreift habe, sagt man ihr schließlich.

Sie reckt sich in ganzer Höhe auf. Sie ist groß und starkknochig und hat ein flächig geschnittenes Gesicht unter dunklem, gescheiteltem Haar, das vereinzelte weiße Fäden aufhellen.

»Er ist tot«, sagt sie, »ich will ihn sehen. Ich habe es gespürt, ich habe es hier ganz gewiss gespürt.« Sie legt beide Hände auf die linke Brust in die Gegend des Herzens da, wo ihn der Schuss traf.

»Gebt acht auf die Kinder.«

Es gibt keinen Sarg. Soll man einen braven Christenmenschen wie ein verendetes Tier verscharren …? Padre Lidio lässt einen der Kleiderspinde der Zöglinge holen. Carlo war ein langer, hagerer Mann, Kopf und Füße sperren sich gegen Dach und Boden des Spindes, man muss ihm ein wenig die Knie krumm biegen, ehe er, einen Rosenkranz zwischen den schwieligen Fingern, aufgebahrt liegt wie in einem richtigen Sarg. Er wird drüben im Feld neben dem Pumpenhaus bestattet.

Zwei Tage später werden die ersten englischen Tanks vor San Domenico gesichtet.

Jenseits der Straße zwischen der Villa Pisa und dem Spital wohnt eine neunzigjährige Amerikanerin. Sie ist durch den Besitz ihrer Nationalflagge den Fallschirmjägern unliebsam aufgefallen, hat sich jedoch nicht zwingen lassen, zu den Missionaren überzusiedeln, geht selbst bei stärkstem nächtlichem Feuer nicht in den Keller, fühlt sich sicherer in ihrem Bett. In dieser Nacht, wenige Stunden, ehe ihre Landsleute von der Armee die Schwelle ihres Hauses erreichten, trifft sie ein Granatsplitter tödlich.

Am nächsten Morgen kommt die Sekretärin des Spitals aus der Stadt herauf, will an ihren gewohnten Arbeitsplatz zurückkehren. Sie stößt beherzt die nur angelehnte Eingangstür des fensterlos, blindstarrenden Gebäudes auf und wird durch eine Mine unkenntlich in Stücke gerissen.

Die Front in San Domenico hält sich, es ist nicht abzusehen, für wie lange.

Die kleine Annina ist in Lebensgefahr, man kann nicht bis zur Befreiung warten. Der Arzt in der Badia hat keine Medikamente und die Jungbäuerin macht sich am fünften Tag nach der Sprengung mit dem Kind erneut auf den Weg. Zwei Soldaten begleiten sie durch die verminten Felder zur Villa Pisa, sie brauchen mehr als eine halbe Stunde.

»Sofort nach Florenz«, ist das einzige, was der Arzt dort zu raten weiß, und Padre Francesco, der Prior des Dominikanerklosters, erklärt sich bereit, Mutter und Kind hinunterzubringen.

»Wozu die Mutter …?« sagen die Soldaten lauernd, »damit sie den Tommies erzählen kann, was sie hier gesehen hat …?«

»Die Mutter hat wirklich andere Sorgen«, erklärt ihnen der Prior.

»Es findet sich immer jemand, der fragt und jemand, der Antwort gibt.«

Sie nehmen ihr das Kind vom Arm, reichen es dem Prior und führen die sich sträubende, jammernde Frau gewaltsam hinaus und zur Badia zurück.

Zwei Mal wird in dieser Woche der Däumling zum Schönheitsdienst zum Sitz des Kommandos geholt; einmal kommt der Oberfähnrich in höchsteigener Person um die Mittagszeit und nimmt ihn mit. Er hält eine Ente an den Beinen, die gibt er dem Däumling zu tragen, schleppt wie immer ein wenig den rechten Fuß, stützt sich auf seinen Stock, und schreitet trotzdem schnell den schattenlosen Steig hinauf. Da der Däumling, der weniger kräftig ist und einen leeren Magen hat, ihm nicht rasch genug folgt, stößt er ihm die Stockspitze in das magere Kreuz und schiebt ihn so vor sich her bergauf.

Im Garten sitzt Rosina. Der Oberfähnrich nimmt dem Däumling die Ente ab, reicht sie ihr hin.

»Brat uns den Vogel«, sagt er.

Dann erst entdeckt er die beiden anderen Frauen, die sich bei seinem Eintreten sogleich in die Ecken der Loggia zurückgezogen haben.

»Was tut ihr hier?«, bellt er sie an, »fort hier, marsch, zurück in den Keller!«

Die beiden fahren hoch und schleichen sich davon. Der Däumling hat nicht einmal Zeit gehabt, ihnen in die Gesichter zu schauen. Er wird sie nicht wiedersehen.

Der Oberfähnrich befiehlt dem Soldaten, der gerade Wachdienst im Haus tut, Habachtstellung, donnert ihn an, lässt ihn wohl an die fünfzig Mal vor der Loggia auf und ab rennen.

»Hin! Kehrt! Rück! Kehrt!«

Dem Däumling wird schwindlig vom bloßen Zuschauen.

Auf den Dauerlauf folgt Niederwerfen, der Länge nach auf den Boden, Kinn in den Dreck.

»Auf! Nieder! Auf! Nieder!«

Der Däumling zählt erst mit, verzählt sich dann aber.

Danach lässt der Oberfähnrich den Burschen den Helm absetzen und sich mit Händen an der Hosennaht vor die Loggia in das grelle Mittagssonnenlicht stellen und ruft den Däumling zur Arbeit.

»Für Entenbraten muss man geschniegelt sein«, grinst er.

Nach ihm kommen der Feldwebel und der Oberjäger an die Reihe, die unter der Loggia der Palazzine Tischtennis spielen. Auch der Österreicher im Schwarzhemd, der laut Bericht des Däumlings meistens Zivil trägt und sich mit meinen Papieren und Büchern die Zeit vertreibt, lässt sich stutzen. Dann verlangen der Vize und zwei andere in des Oberfähnrichs Quartier, verschönt zu werden.

»Und der unselige Bursche stand noch immer barhäuptig in der Sonne«, erzählt der Däumling mit von Mitleid verschatteten Augen.

»Ich versuchte, ihm heimlich ein Glas Wasser zu reichen, er nahm es nicht, stand wie ein Stein, stumm und taub.«

Dreimal noch dient der Verschlag im unteren Keller als Gefängnis. Zweimal sperren die Soldaten eine der arbeitswilligen Frauen für einen Tag lang ein, weil sie sich allzu eigenmächtig an ihrer Beute vergriffen hat. Einmal setzt Padre Lidio einen halbwüchsigen Burschen wegen seiner frechen Diebstähle in Haft, der ihm deswegen heute noch bitter Feind ist.

Der letzte der Stiere wird geschlachtet. Die Soldaten besorgen das selbst. Wir haben keinen Metzger unter uns, und wenn einer da wäre, würde er sich nicht zu erkennen geben, um seinen Nachbarn und Landsleuten nicht das Vieh abstechen zu müssen. Die Tiere werden im Gerätehof hinter der Sakristei geschlachtet. Es scheint, dass dieser Stier das getrocknete Blut riecht, er scheut, reißt sich von der Kette los und rast schnaubend durch den Hof, jagt mit gesenkter Stirn die Soldaten von einer Ecke des Gevierts in die andere. Man hört das Trampeln und Schnauben bis in den Keller. Ein paar Verwegene schleichen sich nach oben, beobachten die Szene durch das hohe doppelbogige Fenster der Sakristei.

Am weitesten vorn steht Paolo, der Viehpfleger meines Bauern, und trommelt mit harten Fäusten erregt auf das Fenstersims. Unablässig hämmern seine knochigen Hände, als wolle er den Stier zum Kampf aufstacheln.

Die Soldaten umspringen den Stier, rennen beiseite, fangen ihn nicht ein. In einen ausweglosen Winkel gegen die Tür der Sakristei gedrängt, gelingt es einem seiner Verfolger, mit raschem Griff die Klinke niederzudrücken und durch den Türspalt zu entwischen, ehe der Stier mit seinen Hörnern das Holz rammt.

»Man muss ihn erschießen«, keucht der Soldat, als er zu Atem kommt.

Er bahnt sich einen Weg durch die Neugierigen, drängt auch Paolo weg, reißt das Fenster auf, zieht seinen Revolver, wartet, bis der Stier einen Augenblick mit bebenden Flanken im Schussfeld steht, zielt und drückt ab. Er triff das Tier hart hinter dem Ohr. Der schwere Körper kippt auf die Seite und prallt dumpf auf.

Das Wetter ist nach der letzten Trübung am Tag der Sprengung wieder hell und beständig geworden. Wir haben noch eine Augustwoche vor uns, doch die ärgste Hitze scheint gebrochen, als hätte der Regen die Schwüle aus der Luft gewaschen. Sie riecht frisch und würzig und hat bereits den durchsichtig goldenen Ton des Septemberlichtes. Diese Luft und dieses Licht machen ungeduldig. Man möchte heraus aus den stickigen, dunklen Kellern und Höhlen, möchte die Brust weiten, in die mildere Sonne blinzeln, über die befreite Stadt hinweg zu den braunen Hügeln des Chianti schauen, wo der Krieg schon zu Ende ist.

Es ist ein stiller, heiterer Morgen. Der Prior von Fontelucente ist schon auf dem Weg um das tägliche Brot. Die Wachen haben ihre Runden gemacht und schlafen, essen oder waschen sich. Die Kanonen schweigen. Die Burschen in den Verstecken in der Kirche schieben vorsichtig die Nasen ins Freie, schwenken lufthungrig die Arme. Sie möchten sich Bewegung machen. Ein Berg Holz ist klein zu hacken, damit die Hungrigen in ihren Verließen sich einen Bissen kochen können.

Sind sie unvorsichtig? Wer sollte sie verraten? Wer könnte sie hier erspähen? Der Platz zwischen der östlichen Kirchenmauer und der senkrecht aufsteigenden Felswand ist kaum breiter, als um einem Mann mit Traglast Durchlass zu geben. Hier lassen sie die Axt reihum gehen.

Der Holzhacker, der eben abgelöst wurde, tritt breitbeinig und noch ein wenig außer Atem zur Seite, schaut in die heitere Luft und sieht, wie oben auf dem Steilpfad von San Girolamo her Männer in Uniform sich in Marsch setzen.

Er bringt keinen Laut hervor, weist nur mit von Schreck steifer Hand auf das bedrohliche Geschehen und alle stieben davon in ihre Verstecke, unter den marmorierten Holzschrein des Altars, in die Wandschränke rechts und links neben dem Kirchenportal, die sonst der Aufbewahrung von Messgerät, Prozessionslaternen und Fahnenstangen dienten. Diese Schränke, die innen hoch sind wie das Mittelportal, hat man in Türhöhe mit Brettern unterteilt und somit Verstecke geschaffen, in denen drei bis vier Männer hocken können. Nichts rührt sich, als kurz darauf die Soldaten fluchend erscheinen, um die Partisanen aufzuscheuchen, die sie von oben her zu sehen meinten.

Sie durchstöbern jeden Winkel, schlagen mit den Fäusten gegen jede Wand, wo sie einen zugemauerten Hohlraum vermuten, wühlen in der Wohnung des Priors, klettern die Wendeltreppe bis zum Glockenstuhl hinauf und finden niemanden und nichts.

»War anscheinend nichts, also gehen wir wieder.«

Sie rufen den einen Soldaten, der auf der obersten Stufe der Felstreppe steht und das zerhackte oder nur zersägte Holz und die weggeschleuderte Axt im Auge behält. Man hört sie über den Kirchplatz stapfen. Einer schlägt im Fortgehen mit seinem Stock gegen die glatten Stämme der hohen Zypressen, die den Kirchplatz säumen, es sind dreizehn Bäume, er lässt keinen aus. Dann ist nichts mehr zu hören.

Als sich nach langem Warten nichts Verdächtiges regt, hebt einer der Burschen im rechten Schrank das Lukenbrett auf, durch das sie in ihren Geheimkasten einsteigen, und späht hinunter.

Die beiden Flügel der Wandtür sind offen geblieben, er kann geradewegs in das weiß getünchte Kirchenschiff schauen, doch er sieht nur in zwei unter dem Schattenrand eines Fallschirmspringerhelms kalt blinkende Augen.

Unbeweglich wie eine Kostümpuppe im Trachtenmuseum steht ein Soldat. Er steht vor der ersten Altarnische rechts, von ihrer Wandung gerahmt, der Wandschrank liegt genau in seinem Blickwinkel. Seine Hände ruhen am Schaft der Maschinenpistole.

Jetzt pfeift er schrill, und siehe, die anderen sind auch nicht weit, kommen polternd im Laufschritt zurück und befehlen den Burschen mit erhobenen Händen herunterzuspringen. Sie sind so zufrieden ob ihrer gelungenen List, dass es ihnen nicht einmal in den Sinn kommt, nun auch im linken Schrank nachzuschauen.

In dem kauern die Vier mit zusammengeschnürter Kehle. Das Herz pocht ihnen so dröhnend hoch oben im Hals, dass sie meinen, sie hören die Wand beben und das Echo im Kirchengewölbe widerhallen. In Wirklichkeit hört man nicht einmal den Atemhauch. Die Häscher verlassen mit ihrer Beute die Kirche.

Zwei von ihnen haben indessen die leeren Armenwohnungen im Quertrakt hinter dem Kirchenblock durchsucht und vier Burschen gefunden, die sich dort versteckt hatten, weil sie fürchteten, die Zeit reiche nicht aus, bis in die Quellkammer zu gelangen. Auch war niemand da, der ihnen den Sakristeischrank vor den Zugang hätte schieben können.

Sieben Burschen, die Hände hinter dem Kopf verschränkt, werden von den Soldaten den Hügel hinaufgetrieben. Ihnen nach, die Nase in der Luft, als wittere er Unheil, trottet Lupo.

Lupo, ein schöner blonder Wolfshund mit ehemals glänzender schwarzer Decke, als stolzer Wächter der Villa Papiniana von der deutschen Heeresstreife zurückgelassen, ist eines Tages herrenlos, obdachlos und hungrig in Fontelucente erschienen und hat unter den ebenfalls hungernden Schrankinsassen Mitleidige gefunden, die ihre eigenen kargen Bissen treu mit ihm teilten. Dafür ist er gewillt, jedem an die Gurgel zu springen, der seinen Rettern ein Haar krümmt.

Einer der Soldaten tritt mit dem Fuß nach ihm, er knurrt gefährlich, schlägt einen Bogen und folgt in gemessenem Abstand.

»Geh nach Haus, Lupo, kehr um, Lupo. Geh sofort nach Haus«, befiehlt einer der Burschen. Der Hund steht einen Augenblick still, zögert, geht weiter mit.

Im Bischofspalast wird ein Schnellgericht abgehalten. Drei von denen, die man in den Wohnungen fand, tragen Ausweise bei sich, und werden als Schipper und Küchenhelfer dem Kommando in Fiesole zugewiesen. Der vierte, ein Sizilianer, hat kein Dokument und wird mit den Dreien, die man im

Schrank entdeckt und, wie es heißt, als Partisanen entlarvt hat, zum Tode verurteilt.

Man führt sie unverzüglich in den Bischofsgarten und heißt sie ihre Grube schaufeln.

Der Sizilianer wirft sich schon nach den ersten Spatenstichen in die kaum aufgeworfene Erde.

»Erschießt mich«, fleht er, »quält mich nicht länger … bitte erschießt mich gleich!«

»Seid Ihr Katholiken …? Seid Ihr gläubig?« fragt einer der Soldaten, der sie beim Grab schaufeln bewacht.

Sie schlucken. »Ja, ja«, nicken sie.

»Betet einen Rosenkranz bei Eurer Arbeit«, sagt der Soldat.

Sie fangen an, gemeinsam den Rosenkranz zu beten und heben die Erde im Takt zu ihren Gebetsworten aus.

Als die Grube tief genug ist, um vier Leichen aufzunehmen, bringt man sie in den Keller des Bischofspalastes zurück. Der Erschießungstrupp sei beim Mittagessen, sagt man ihnen.

Sie erhalten keine Henkersmahlzeit, auch Wasser, um das sie bitten, verweigert man ihnen; es wird ihnen nicht gestattet, einen Priester zu sehen. Der werde schon rechtzeitig gerufen, wenn es soweit sei.

Nach einer Frist, in denen Minuten Stunden, Stunden Tage scheinen, führt man sie auf die Domfreiheit hinaus und weist sie an, zwischen dem Seminar und dem gegenüberliegenden Haus, da, wo die Straße von Florenz in den Minoplatz einbiegt, eine Barrikade aus den Möbeln der umliegenden Häuser und Geschäfte zusammenzubauen. Währenddessen müssen die Frauen im Keller des Seminars drei Dutzend Leinentücher aneinanderheften, eine Fahne von dreizehn Metern Länge und neun Metern Breite mit einem roten Kreuz in der Mitte schneidern. Damit wird die Schanze bedeckt. Das weithin sichtbare, für den Gegner deutlich erkennbare Symbol menschlicher Hilfsbereitschaft ist eine vortreffliche Tarnung.

Am Abend zur üblichen Stunde pocht Hermann, der Telefonist, an die Tür des Priors.

»Ich habe nichts erreicht«, brummt er. »Man hat mich im Gegenteil verwarnt. Ich bin anscheinend als Freund der italienischen Verräter unliebsam aufgefallen, werde strafversetzt, wenn ich noch einmal für sie den Mund auftue.«

Er wirft sich auf den nächsten Stuhl, streckt die Beine aus und stellt eine Zwei-Liter-Korbflasche in Reichweite rechts neben den Stuhl.

»Ich habe die Vier auch nicht sehen können«, sagt Don Giustino, »und ein Päckchen mit Lebensmitteln, das ein Pater vom Seminar ihnen geben sollte, während sie die Barrikade bauten, hat der Posten beschlagnahmt.«

»Hör zu, deine Vier sind noch nicht tot, sie sind jetzt auf dem Weg zur Futa mit Lupo, der lieber über Berg und Tal rennt, als dass er in einem Mauerloch kuscht, er war einfach toll vor Freude.«

Hermann lehnt sich zurück, grätscht die Beine, schiebt sich dann bis an die Stuhlkante vor und trinkt einen glucksenden Schluck aus der Flasche.

»Versteh, acht junge Arme sind für Stellungsbau nicht zu verachten. Deine Vier werden also im Augenblick nicht erschossen und vielleicht überhaupt nicht oder zumindest erst viel später, wenn alles zusammenbricht und der Generalaufwasch gemacht wird.«

Er will wieder nach der Flasche greifen, aber der Prior fällt ihm in den Arm:

»Warte noch, ehe Du Dich gänzlich betrinkst ... oder bist du bereits hinüber?«

»Ich bin strohnüchtern, Bruder, das eben war mein erster Enttäuschungsschluck.«

Hermann ist Obergefreiter. Er hat mit seinen Leuten die Telefonleitung von San Girolamo zu den Batterien im Mugnonetal und auf den Monte Rinaldo gelegt und bedient seitdem die Vermittlungszentrale in dem kleinen gelben Haus gleich unter Fontelucente. Er spricht ein rohes, fehlerhaftes, jedoch verständliches Italienisch und hat sich gleich am ersten Abend mit den Worten eingeführt: »Ich bin nicht wie die anderen, ich werde Euch helfen, wo ich kann.«

Er beschafft Beutevorräte und begleitet den Prior auf seinen nächtlichen Gängen zu Kranken und Sterbenden. Sobald er am Abend frei hat, erscheint er, in der Hand eine volle, halbvolle oder manchmal schon leere Flasche. Er ist Student der Philosophie in Tübingen, ist elternlos, und es gibt nichts in seinem Leben, wovon er dem Priester nicht erzählt hätte. Er wurde erst kürzlich und sehr gegen seinen Willen, sagt er, diesem Truppenteil zugewiesen und ist entschlossen, beim Abzug aus Fiesole zu desertieren. Es fehlen ihm nur die passenden Zivilkleider.

Don Giustino kämpft sein Misstrauen nieder und besorgt ihm einen Anzug. In den ersten Kampftagen wurde auf dem Minoplatz ein pensionierter Oberst durch einen Granatsplitter getötet. Von dessen Witwe erbittet er sich einen Zivilanzug des Verstorbenen und lässt ihn für Hermann passend richten. Er schenkt ihm die eigenen guten Schuhe. Ein kleiner Koffer, Hemd, Krawatte, Unterwäsche, Rasierzeug, Seife und Handtuch werden besorgt, und es kommt der Abend, an dem Hermann den abgeänderten Rock zur Probe überzieht und sich mit großen Augen ungläubig in einem kleinen Spiegel betrachtet.

»Ich bin wieder Mensch«, jubelt er und breitet seinem Spiegelbild die Arme entgegen. »Ich ziehe diesen Rock nicht mehr aus, ziehe das Bluthemd nicht wieder an, nie mehr …«.

Er trampelt mit den Stiefeln auf die Uniformjacke, die er hinter sich zu Boden geworfen hat und schlägt wild mit den Armen um sich, als der Prior ihm den Rock von der Schulter ziehen will.

»Sei vernünftig, Hermann«, mahnt ihn der Priester.

»Ich will nicht vernünftig sein … Ich schäme mich so … Verstehst Du denn nicht, ich trinke doch nur, weil ich mich schäme. Ich habe vor dem Krieg kein Glas angerührt.«

»Du musst trotzdem Geduld haben, sonst schickst Du uns beide in den Tod, und ich werde hier noch gebraucht.«

Seitdem warten Koffer und Anzug im Schrank der Pfarrei und es vergeht kaum ein Abend, an dem Hermann nicht im Vorbeigehen hineinspäht, um sich zu vergewissern, dass noch alles an seinem Platz ist und jedes Mal hellt sein Gesicht sich auf.

»Wie ein Kind vor Weihnachten zähle ich die Tage, bis ich hier bei Dir wohnen werde«, pflegt er zu sagen.

Heute indessen sind seine Züge verfinstert, die Falten zwischen seinen Brauen glätten sich nicht.

»Verstehst du mein Trinken aus Enttäuschung …?« fragt er und schaut von unten her auf den Prior. »Du hast kein Vertrauen in mich, Bruder, hast mir verheimlicht, dass du Leute versteckt hältst … Ich hätte Dich vielleicht warnen können.«

»Ich traue Dir schon …, aber …«.

»Aber, aber …«, fährt Hermann dazwischen, »du hast ja recht Bruder, hast völlig recht. Wer wird denn heute einem Deutschen trauen und gar einem deutschen Fallschirmjäger. Du hast nur zu Recht … und jetzt lass mich trinken, sonst werde ich wild. Aber ich werde Dir noch beweisen, dass Du mir trauen kannst.«

Das Geschützfeuer ist in dieser Nacht stärker als sonst, hält bis in die frühen Morgenstunden an und setzt nur selten aus. Wie ein verspätetes, fast freundliches Echo klingen später die trockenen Schüsse von Handfeuerwaffen, die man nach dem Artilleriebeschuss in nächster Nähe der Villa Pisa hört.

Die Missionare und ein Teil der Nonnen sind zur Frühmesse in der Kapelle versammelt. Der Gottesdienst hat kaum begonnen, als die Tür auffliegt und der Oberfähnrich mit drei seiner Schergen auf der Schwelle erscheint.

»Hände hoch!« befiehlt er mit gezückter Pistole.

Alle in der Kapelle Anwesenden müssen sich mit auf dem Kopf verschränkten Händen längs der Wand im Gang aufreihen. Jeder von ihnen muss laut und deutlich ein paar italienische Sätze sprechen und einer der Soldaten, der angeblich die

Sprache beherrscht, gibt jedesmal sein Urteil ab, ob sie akzentfrei gesprochen haben.

Eine der Nonnen ist auffallend groß, hat ein strenges, scharf geschnittenes Profil, das macht sie vor allen anderen verdächtig. Sie muss nicht nur zur Kontrolle ihres Tonfalls ein zweites Mal zusammenhängend sprechen, sie muss auch ihre Füße, ihre Schuhe vorweisen, ihren Mantel aufschlagen; es fehlt nicht viel, dass man sie zwingt, sich vor aller Augen zu entkleiden. Dies wird wohl einen Augenblick lang erwogen, da sie jedoch weder englische Militärstiefel an unnatürlich großen Füßen trägt, noch mit verstellter Männerstimme spricht, wird der Gedanke wieder verworfen.

Sie zeigt keine Furcht, bleibt gleichmütig stehen, dabei hat sie am Tag zuvor die Ausweise und Armbinden der in Villa Pisa versteckten Partisanen in ihre Kleidersäume eingenäht. Es bleibt unentdeckt.

»Für jeden Tommy und Partisanen, den ich gesund oder verwundet hier finde, werden zehn von Euch erschossen, noch ist Zeit, sie auszuliefern«, gibt der Oberfähnrich bekannt, bevor er die Durchsuchung des Hauses beginnt.

Vor fünf Tagen, nach dem Vorpostengefecht, das um das Haus der alten Amerikanerin stattfand, hat der Arzt vom Camerata-Spital die verwundeten Alliierten verbunden und im Bauernhaus geborgen, bis ihre Kameraden sie auf Bahren und auf ihren Schultern nach Florenz schaffen konnten. Der Oberfähnrich lässt Mann und Frau, Alte und Kranke italienische Sätze sprechen, schlägt jedem Bettlägerigen, selbst den von den Mühen der Nachtwache ausruhenden Nonnen die Decken zurück und findet weder Waffen noch Munition noch ein verräterisches Uniformstück.

Ehe er das Haus verlässt, verlangt er zu trinken. Eine Frau eilt davon und bringt auf einem Teller ein Glas mit kostbarem Wasser.

»Trink erst«, befiehlt er, und als sie zögert aus angeborenem Takt, da sie den Sinn seiner Order nicht versteht und sein Glas nicht vor ihm benutzen möchte, wird sein Gesicht drohend.

»Trink! Sage ich!« befiehlt er, und der Doktor, der Unheil wittert, greift schnell nach dem Glas und tut einen herzhaften Schluck. Den Rest leert der Oberfähnrich mit einem Zug.

»Die Tommies haben Minen in Euer Spital gelegt«, sagt er, »eine Frau, die neugierig war, hat es schon in Stücke gerissen.«

»Sie war Sekretärin im Hospital«, erklärt der Doktor.

»Habt Ihr keine Angst hier mitten im Schlachtfeld, wenn jetzt die Tommies mit ihren Panzern anrücken?«

Sein Blick überfliegt die Umstehenden, bleibt auf Padre Francesco haften.

»Warum sollten wir Angst haben?« sagt der Padre. »Gott wird uns schützen.«

Der Oberfähnrich hebt das Kinn, schiebt das Kinnband des Helmes nach vorn.

»Ja«, sagt er, »ihr habt Gott, wir haben Hitler, voi Dio, noi Hitler.«

Die seit einer Woche im Kloster eingeschlossenen Dominikaner konnten sich vor drei Tagen einem wohlwollenden Posten bemerkbar machen, seitdem schickt man ihnen Lebensmittel aus Villa Pisa, und wenn die Wasserträger herüberkommen, helfen die Fratres ihnen beim Schöpfen. Heute Mittag tauchen zwei von den Mönchen sogar bei den Missionaren auf und bringen eine volle Damigiana. Sie berichten dem Prior, dass Fra Antonino mit seiner Mutter und einem Gärtnerehepaar aus der Villa Schifanoia diese Nacht im Kloster zugebracht habe. Fra Antonino, der Klosterfotograf, glaubte sich mit der Siebzigjährigen unter dem Dach des amerikanischen Gesandten beim Päpstlichen Stuhl sicherer als in den überfüllten Kellern der Villa Pisa. Der Hausverwalter und seine Frau sind die Nacht vorher nach Florenz geflohen, und die vier Zurückgebliebenen wurden daraufhin gestern Abend in das Kloster gebracht, doch scheinen auch sie bei Tagesanbruch in die Stadt entkommen zu sein. Man hat sie am Morgen weder gehört noch gesehen.

Es kommt niemandem in den Sinn, die Schüsse in grauer Frühe mit dem Verschwinden der Vier in Verbindung zu bringen. Nach der Befreiung erst findet man in dem durch Sprengung beschädigten Bienenhof einer Villa in San Domenico ihre schon verwesten Leichen zusammen mit einer bis heute unerkannt gebliebenen toten Frau, und zurückrechnend stellt man fest, dass der Oberfähnrich als erste Arbeit vor seinem Besuch in Villa Pisa diese fünf Menschen aus unerklärlichen Gründen erschießen ließ.

Am nächsten Tag bringen die Dominikaner wieder eine Damigiana mit Wasser als Labsal für alle. Es ist wegen des starken Feuers nicht möglich gewesen, um die übliche Abendstunde zu schöpfen. Auch wir in der Badia können unseren Stundenplan nicht immer einhalten, zudem gehen unsere fünf Brunnen bedenklich zur Neige. Padre Lidio fürchtet, dass das Wasser nur noch bis zum morgigen Sonntag reichen wird; er will um Erlaubnis bitten, auch aus anderen Brunnen der Nachbarschaft zu schöpfen.

Man meldet ihm, dass der Oberfähnrich soeben das Haus betritt.

Gleichzeitig erscheint Willy, der Meldegänger, und bestellt mich zum Kommandanten.

»Und zwar sofort«, sagt er mit wichtig gekrauster Stirn. Sein Stahlhelm, zu weit für seinen kleinen Kopf, ist ihm bis über das halbe Ohr hinabgerutscht, sogar ein Karabiner baumelt ihm über der eckigen Schulter.

Man hat mich vor Tagen schon einmal in das Ausguckzimmer im Oberstock gerufen, um mich wegen meiner zahlreichen englischen Bücher und meiner Beziehungen zu England und Amerika zur Rede zu stellen. Kurz darauf – ich bin schon wieder auf der Treppe – knattern ein paar Schüsse aus den Fenstern. Heute jedoch werde ich gleich in das Kommandozimmer im Kreuzgang geführt. Ich schaue zu dem weißen Falkenprofil des alten Cosimo auf, das in Marmor gehauen die Wand über dem Eingang schmückt. Der Ostpreuße öffnet die Tür für mich; er und Willy treten zusammen mit mir ein.

Um den rechteckigen Tisch sitzen der Oberfähnrich, der Feldwebel, der Vize, der Oberjäger und der Österreicher mit dem schwarzen Hemd. Sie sind alle bewaffnet, feldmarschmäßig gekleidet und tragen ihren Stahlhelm. Der Ostpreuße nimmt Platz, Willy bleibt als Posten an der Tür.

»Die Herren haben wohl nichts dagegen, wenn ich mich ebenfalls setze«, sage ich und ohne eine Antwort abzuwarten, schiebe ich mir einen leeren Schemel an die Längsseite des Tisches dem Oberfähnrich gegenüber.

Alle richten die Augen auf mich. Das Ganze hat etwas von der Unwirklichkeit von Examensangst, von Träumen, die einen oft über Jahre verfolgen, aber meist gut ausgehen, indem einem plötzlich Flügel wachsen und man sich vor den verblüfften Blicken des würdigen Gremiums kichernd zur Zimmerdecke erhebt und durch ein offenstehendes Fenster ins Freie entschwebt. Oder aber die gestrengen Herren verwandeln sich, ehe sie noch böse werden können, in die Geschöpfe der Tierfabelschule, sitzen als Schwein, Schaf, Esel und Fuchs um den Prüfungstisch, nur man selbst ist noch Mensch und hat die Prüfung bestanden.

Ich sehe in den Gesichtern der Männer um mich die Züge von Tieren. Ein unheimlicher Drang zu lachen, jenes qualvoll peinliche Lachen, das einen bei zeremoniellen Anlässen tückisch anzufallen droht, steigt in mir auf.

»Sie können hier nicht bleiben«, sagt der Oberfähnrich, »ich lasse Sie nicht lebend in die Hand der Alliierten fallen. Sie haben hier zu viel gesehen.« Seine Blicke bohren sich in meine Augen.

»Ich gebe Ihnen zwei Bewaffnete mit, schicke Sie in Richtung Futa …, ohne Gepäck versteht sich.«

»Sie haben kein Recht mich fortzuschicken«, sage ich und klammere mich mit den Händen an die Tischkante. »Ich rühre mich nicht von hier fort.«

»Und dass Sie mir nicht vom Weg abkommen«, sagt er, als hätte er meinen Einwand gar nicht gehört, »Sie wissen ja, Fluchtverdacht … Ich gebe Ihnen zwei Minuten Bedenkzeit.«

»Ich brauche keine Bedenkzeit«, sage ich ruhig, »ich rühre mich nicht von hier weg. Wenn Sie mich erschießen wollen, erschießen Sie mich gleich.«

Ich muss mich nicht zwingen, ruhig zu reden. Ich muss mich auch nicht zwingen, gefasst zu erscheinen. Ich bin völlig ruhig. Diese Männer sind wie durch unsichtbare Scheiben unzerbrechlichen Glases von mir getrennt, atmen mit mir nicht einmal die gleiche Luft, sind entrückter als alle gespenstischen Traumquälgeister.

Willys Stiefel knacken, er hat offenbar sein Gewicht von einem Fuß auf den anderen verlagert. Der Feldwebel und der Oberjäger schauen in den Schoß. Der Österreicher knirscht mit den Zähnen, der Vize stößt schnaubend die Luft durch die Nasenlöcher.

»Sie weigern sich, meinem Befehl zu gehorchen …?« sagt der Oberfähnrich drohend und zieht die Brauen zusammen, »ich muss das meinem Kommando berichten, in einer halben Stunde wird die Antwort da sein.«

Er zieht einen Block aus der Blusentasche, schreibt ein Radiogramm, das er mir vorliest, reißt das Blatt vom Block, schreibt den Text – oder einen anderen – noch einmal langsamer und leserlicher, ehe er Willy den Zettel mit der Weisung, die Meldung sogleich durchzugeben über die Schulter hinreicht.

»Sie weigern sich also …?« fragt er noch einmal, bevor Willy außer Rufweite ist, erhebt sich mit einem Ruck, und auch die anderen schnellen hoch, als hätten sie auf Sprungfedern gesessen, verlassen nach ihm den Raum.

Aus der halben Stunde werden zwei. Dann tritt die Gruppe geschlossen wieder auf, ich werde gerufen, der Oberfähnrich mustert mich stumm, und es entsteht jene Stille, die man atemlos zu nennen pflegt, ehe er mir mitteilt, dass das Kommando seine Meldung an die Division geleitet hat. Weitere zwei Stunden werden vergehen, bis die Entscheidung eintrifft.

Der Ostpreuße bleibt in der Badia zurück und hält sich in meiner Nähe.

»Bitte«, sagt er, nachdem er sich vergewissert hat, dass keiner ihn hören kann, »bitte öffnen Sie keine Tür ins Freie, sonst muss ich schießen, und wenn Sie ausreißen, muss ich meinen Kopf hinhalten.«

Die Antwort kommt auch nicht nach zwei Stunden.

Das Kommando begibt sich indessen, wie wir später erfahren, nach beendetem Mittagsmahl geschlossen nach Fontelucente hinauf. Der Gebäudeblock wird umzingelt. Man jagt die Leute aus ihren Kammern und treibt sie, die sich zeternd sträuben, mit unmissverständlichen Drohungen in der Kirche zusammen, verrammelt das Portal und stellt schussbereite Posten auf. Man holt den Prior aus seiner Pfarre und lässt sich von ihm, angeblich, um Zeit zu sparen, durch alle Verschläge und in alle Winkel der Armenwohnungen führen.

Draußen neben der Kirchenmauer stecken fünf Männer in einem Kellerverlies. Sie hören die genagelten Stiefel über ihren Häuptern. Don Giustino muss sich drehen und wenden, um mit seinem wehenden Mantel die Luke geschickt zu verdecken. Ein Soldat begleitet ihn in seine Wohnung zurück und bleibt als Wache bei ihm; die anderen setzen ihre Suche fort.

Der Prior weiß, wen sie suchen; er hat begriffen, dass zwei von den vorgestern zur Futa Verschleppten sich offenbar davongemacht haben.

»Lieber Gott hilf, dass man sie nicht einfängt«, betet er stumm, »lass sie unversehrt hierher gelangen, sei bedankt, dass sie noch nicht da sind.«

Er geht mit langen Schritten in seinem Wohnzimmer auf und ab, bleibt dem Fenster gegenüber vor einem Wandschrank stehen, in dessen gemauerter Rückwand eine rechteckige Öffnung, kaum zwei Handlängen breit, als Guckfenster eingeschnitten ist. Man sieht von hier in das Längsschiff der Kirche, auf die gläubige Gemeinde hinunter, die sich zum Gottesdienst zusammenfindet. Heute jedoch sieht er nur eine aufgescheuchte Herde, alte Männer, Frauen, Kinder, die auf den Stufen der Kapelle und Altäre kauern, auf dem nackten Steinfußboden hocken, beten zittern, warten, nach oben lauschen, auf Worte und auf Schritte des Priors. Sie wissen nicht, dass er sie sieht, und dass er in diesem Augenblick, wo er zu ihnen hinunter schaut, an die vielen kleinen Gemeinden, im Mugello, im Casentino, im Arnotal denkt, deren Pfarrkinder in gleicher Weise in ihren Kirchen zusammengetrieben und mit ihr in Brand gesetzt oder in die Luft gesprengt wurden. Er denkt auch an die Geistlichen, seine Freunde und Mitbrüder, die dabei umkamen.

»Nun ist die Reihe an Fontelucente«, denkt er und presst die Hände zusammen.

Der Feldwebel, der hinter ihm am Tisch sitzt und von dem Wein trinkt, den er sich beim Eintreten hat geben lassen, ruft ihn an.

»Ihr fliegt alle in die Luft, ihr werdet alle lebendig begraben, wenn wir die Ausreißer finden.«

Don Giustino schließt die Schranktüren und wendet sich in das Zimmer um. Er nickt sinnend.

Nicht lange danach schrillt vom Kirchplatz herauf ein Pfiff. »War nichts«, ruft der Vize, »blinder Alarm!«

Er reißt das Kirchenportal auf. Der zitternde Haufen, es sind an die fünfzig Menschen, empfängt ihn mit einem vielstimmigen Schrei, sie glauben, ihre letzte Stunde sei gekommen.

»Rasselbande!« brüllt der Vize. »Ruhe! Marsch an die Luft!«

Die zwei, die Wache gestanden haben, drängen die Menge vor sich her in die Vorhalle und auf den Kirchplatz hinaus, aber erst als die Leute ihren tot geglaubten Prior wie eine vom Himmel gesandte Erscheinung die Felsensteige herabkommen sehen, erkennen auch die Kleinmütigsten, dass sie für heute gerettet sind.

Hermann erscheint an diesem Abend ohne Flasche, doch sein Zustand verrät, dass er bereits eine runde Zahl von Bechern geleert hat. Sein Gang ist unsicher, er fällt auf den nächsten Stuhl und bleibt dort sitzen. Seine Zunge ist schwer, er wird auch im Verlauf des Abends nicht gesprächig. Don Giustino schweigt ebenfalls.

Es ist ihm lieb, an diesem Abend schweigen zu können. Es wäre ihm noch lieber gewesen, wenn er hätte allein sein können.

Kurz nach Mitternacht wird Hermann von seinem Ersatzmann gerufen, ein Treffer hat die Leitung in der Nähe der Zentrale zerschlagen. Hermann rekelt sich hoch.

»Mach ich …«.

»Doch nicht jetzt mitten im Feuer«, meint Don Giustino, »sie wird ja gleich wieder getroffen.«

»Schschscht Bruder, davon verstehst Du nichts. Bete brav weiter.«

Der Prior hat sich niedergelegt, hält die Augen geschlossen, doch schläft er nicht. Es müssen Stunden vergangen sein. Er hört Geräusche von draußen, hört Geschosse bersten und hört Schritte, die sich durch den engen Treppenschacht die hochstufige Steintreppe hinauf zu seiner Wohnung bewegen. Sie stapfen langsam und schwer, nicht hastig und gedämpft, so wie Flüchtende eine Treppe emporsteigen.

Er steht auf und öffnet die Tür, sieht den Telefongefreiten, sieht das fremde Gesicht eines Sanitäters und zwischen ihnen Hermann, den sie teils zerren, teils voranschieben. Hermanns Gesicht ist aschfahl, leergeblutet und vom Schmerz halb betäubt. Ein Granatsplitter zerriss ihm die Hand, er ist schon verbunden, zum Abtransport bereit.

»Gott sei Dank hatte er die Leitung geflickt«, sagt der Telefongefreite, »ich konnte die Verwundung gleich melden.«

»Ich wollte Dich noch einmal sehen«, sagt Hermann fast tonlos, »Bruder, jetzt ist alles aus, ich bin verloren, Bruder …«.

Seine Stimme hat wieder Klang, ihr Echo schallt aus dem Treppenschacht.

Auch ich schlafe nicht viel in dieser Nacht.

Der Ostpreuße taucht hie und da in meiner Nähe auf, bleibt stehen, bis er gewiss ist, dass ich ihn sehe, und zwinkert mit den Augen, bevor er geht, als teilten wir beide ein Geheimnis miteinander, eine freundliche, harmlose Heimlichkeit, die man jedoch nicht preisgeben sollte. »Verrat es nicht, erzähl niemandem etwas«, heißt dieses Zwinkern.

»Wieder wegen der englischen Bücher?« hat mich am Morgen jemand gefragt, der mich aus dem Kommandozimmer kommen sah. Ich habe als Antwort genickt.

Ich habe niemandem etwas erzählt. Ich möchte auch mit niemandem sprechen, nicht einmal mit einem guten Freund, nicht mit dem liebsten Menschen … Ich wünsche niemanden hierher in diesen Pfuhl. Ich möchte niemanden und schon gar nicht den lieben Menschen »zum letzten Mal« sehen.

Immer wenn ich krank lag, habe ich in den Genesungsstunden die Kunst der Beschwörung geübt. Ich brauchte nur die Augen zu schließen und hatte, wen ich mir nahe wünschte, wie leibhaftig vor Augen, sah alles, was ich sehen wollte, hörte alles, was ich hören wollte in letzter Vollkommenheit. Wenn einer ertrinkt, erlebt er das gleiche, sagt man, und als wir einen Freund aus den Schneemassen einer Lawine gruben, beschrieb er es ähnlich, er sagte, wir hätten ihn zu früh geweckt, der Lawinentod sei ein herrliches Ende. Auch ich wünschte mir, so zu sterben, aber ich möchte kein Schneewasser düngen. Ich will in Erde begraben werden, in dieser trockenen Toskaner Erde, hier auf diesem Hügel, nicht zwischen Zypressen, unter Reben muss es sein, unter den zähen, dürren, mageren Ranken, aus denen Wein wächst. Blut ist sicherlich ein guter Dünger für Wein.

Die Schlafenden schnaufen und stöhnen und werfen sich auf ihren knarrenden Pritschen herum. Ich zünde mir eine Zigarette an. Ich sehe, wenn ich den Rauch einziehe, den kleinen Lichtkreis vom dunklen zu hellerem Rot aufglühen und sich wieder mit Asche bedecken. Ich bringe ihn meinen Augen näher. »Die letzte …?« denke ich und ein Gefühl strömender Wärme breitet sich in mir aus, wallt von den Lungen bis in Finger- und Zehenspitzen. Friede, denke ich, ich wusste nicht, dass man Frieden so körperlich spürt. Ich brauche keine Zigarette mehr zu rauchen. Ich drücke sie aus und lehne mich zurück.

Unter mir scheint mein Lager wegzusinken, als ob ich das Bewusstsein verlöre. Doch ich verliere es nicht. Im Gegenteil, ich war kaum je heller wach. Ich schließe die Augen und alles, was ich sehen, fühlen und hören will, erscheint mir. Ich bin leicht, ich schwebe, ich fliege … Ich fühle meinen Körper nicht, fühle keine leibliche Schwere mehr. Ich fühle nur mein Herz schlagen und fühle, wie die Zeit vergeht. Nun ist alles still. Nun fliege ich weit … in die Nacht, in die Sonne, zu Dir, in Dein Herz, in aller Herzen, mitten in das Herz der Welt hinein.

»Ihre Zigarette ist ausgegangen«, sagt eine Stimme neben mir. Ein Streichholz wird angerissen, eine grell aufflackernde Flamme blendet meine Augen.

Ich falle aus meinem Sternenflug, überschlage mich, stürze. Ich stürze, wie man nur in Träumen stürzt, Sekunden, die Jahre scheinen, und an deren Ende das Zerschellen steht, jenes Zerschellen, das Aufwachen bedeutet und mit der zugleich der Traum jäh abbricht.

»Sie haben kein Feuer …?« fragt mich der Ostpreuße.

»Danke …, ich möchte nicht rauchen.«

»Rauchen tut gut«, sagt er, »rauchen hält Kopf und Körper zusammen.« Er sagt nicht Herz, er sagt auch nicht Seele, er sagt »Kopf und Körper«.

Ich fühle, dass meine Augen nass sind, er soll nicht denken, es seien Tränen. Ich setze mich auf.

»Also gut …«.

Wir rauchen eine Weile schweigend.

»Haben Sie schon einmal Schwalben im Regen beobachtet, wie sie den Kopf auf die Seite legen, erst den einen, dann den anderen Flügel spreizend heben, damit es ihnen gut unter die Achsel regnet …?«

Er sieht mich verwundert an.

»Haben Sie jemals im Meer geschwommen, wenn es nach langer Hitze zu regnen anfängt und man schmeckt zugleich das bittere Meersalz und den süßen Grasgeschmack des Regens, der einem auf die Lippen tropft?«

»Seit wann schmeckt Regen nach Gras?« Er tritt von einem Fuß auf den anderen. »Was hat Ihnen eigentlich im Leben den größten Eindruck gemacht?«

»Den größten Eindruck …? Ein Film«, sage ich schnell, »ein Zeitrafferfilm, wo man Samenschoten aufspringen, Weinreben ranken, Farnblätter sich entfalten sah. Erdbeerstauden hoben die Wurzeln wie Tänzerinnen aus dem Boden und pflanzten sich weiter. In einem zweiten Film über Mikrolebewesen erschien auf der Leinwand ein schlagendes Herz; es glich Wellenringen auf stehendem Wasser und dann bildete sich dicht daneben ein zweites Herz im gleichen Leib, der sich dann in zwei Wesen teilte.«

»Und was würden Sie sich wünschen, wenn Sie sich jetzt etwas wünschen könnten?«

»Bachs h-moll-Messe von Toscanini dirigiert.«

»Toscanini …«, sagt er gedehnt, »der dirigiert doch in Palästina.«

»Ja«, sage ich, »auch in Palästina … Übrigens habe ich noch einen anderen Wunsch, Sie müssen meinen Hund erschießen, wenn man mich abholt.«

Der Setter ist vom Arzt aus hygienischen Gründen nach draußen verbannt und unter den Oliven angekettet worden. Er bellt, wenn es schießt, bellt bei Tag und bei Nacht. Der Chow hat begriffen, dass er nicht da zu sein hat; er macht sich unsichtbar und liegt unter meiner Pritsche und gibt keinen Laut von sich.

»Ihren Hund erschießen …? Bitte, wie Sie wollen.«

Die Batterien ändern ihren Stundenplan, erweitern ihn, legen neue Feuerstunden ein. Am Morgen schießen zunächst die Deutschen für gut 60 Minuten aus ihren vier Flugabwehrkanonen, die sie über Nacht in neue Stellungen brachten. Kurz darauf beginnen die schweren alliierten Geschütze für mehr als die doppelte Zeit ihre Antwort gegen die nahen Felshänge zu donnern. Sogar der Ostpreuße verzieht sich in den unteren Keller, nimmt neben meiner Pritsche Platz und bittet mich, ihm eine Art Wörterbuch zusammenzustellen, ein Verzeichnis der für ihn auf dem weiteren Rückmarsch wichtigen italienischen Worte. Er zieht sein Taschenbuch heraus und ich diktiere ihm, was er wissen will. Wein: v i n o …, Liebe: a m o r e …, Kuss: b a c i o …, Eier: u o v a … Er möchte auch ganze Sätze niederschreiben und deren Aussprache lernen, was für seine harte Ostpreußenzunge nicht einfach ist. Ich übersetze seine Vorschläge langsam, mit übertriebener Lippenstellung und spüre, wie er mich von der Seite anschaut. Das Krachen platzender Geschosse unterbricht uns in knappen Abständen.

»Sie haben offenbar einen ganz eigenen Charakter«, sagt er, »Sie kann wohl gar nichts erschüttern?«

Ich sehe ihn fragend an.

»Wissen Sie, dass Ihnen das gestern das Leben gerettet hat? … Die waren doch alle auf ein Riesenspektakel mit Heulen und Zähneklappern gespannt. Haben Sie noch nicht gemerkt, dass der Chef ein Sadist ist? Der sah Sie schon auf den Knien rutschend seine Beine umschlingen, sich für alles anbieten, und dann kommt … nichts, einfach gar nichts. Sie haben ihm mächtig in die Suppe gespuckt und haben der ganzen Korona den Spaß verdorben. Jetzt lässt er Sie zappeln, bis Sie weich werden.«

»Ich würde mir eher die Zunge abbeißen, ehe ich denen ein solches Schauspiel gebe.«

»Das meine ich ja mit Charakter«, sagt er treuherzig.

Um die Mittagszeit schlägt von Fiesole her eine Granate in den Garten der Villa Pisa zwischen die wasserschöpfenden Nonnen, tötet eine und verletzt eine zweite. Unmittelbar vorher wird der Prior aus San Domenico schwer am Arm verletzt, und während man ihn noch verbindet, trägt man den Bauern der Missionare blutend zum Arzt in den Keller herunter. Es werden ihm, da die Mittel fehlen, ohne Betäubung zwei Zehen amputiert.

Um die gleiche Zeit wird der Feldwebel mit einem verwundeten Fuß in die Badia gebracht. Er sagt, ein Partisan habe ihn angeschossen; nach Ansicht des Arztes sieht die Wunde eher wie eine Minenverletzung aus. Er bekommt einen Notverband, man muss eine Feuerpause abwarten, bevor man ihn nach Fiesole schaffen kann und macht ihm inzwischen ein Lager im Kommandozimmer.

Der Arzt ist bereits gegangen, als zwei Soldaten einen jungen Mann hereinführen, der den linken Arm in der Binde trägt. Sie sagen, sie haben ihn erwischt, während er sich durch eine Feldpforte in den Ölberg der Badia schleichen und davonmachen wollte. Der Gefangene ist blond, hochgewachsen, trägt ein offenes Garibaldihemd. Er war doch auf dem Weg zur Badia, um seinen verstauchten oder gebrochenen Arm schienen zu lassen, versucht er den Soldaten klar zu machen.

Die Badiabesatzung, der Tiroler Student, der Arzt werden gerufen. Der Feldwebel folgt der Untersuchung mit misstrauischen Blicken. Bei jeder Drehung und Biegung des Armes, die der Arzt ihn ausführen lässt, verzieht der Gefangene sein Gesicht in spöttischer Schmerzgrimasse.

»Es war nahezu die Karikatur einer Schmerzgrimasse«, berichtet mir später der Tiroler Student.

Der Arzt kann keine Verletzung finden.

»Also ein Partisan, ein Spion«, entscheidet man. »Wahrscheinlich der, der mich angeschossen hat«, sagt der Feldwebel gereizt.

»Sofort erschießen«, lautet der Befehl.

Man nimmt dem Gefangenen die Papiere ab, einen Ausweis der juristischen Fakultät und ein Dokument, aus dem hervorgeht, er sei der aus dem Heer entlassene Leutnant Aldo Arcangeli. Ein Soldat meldet, die Grube sei fertig. Der Verurteilte wechselt nicht die Farbe. Kein Muskel zuckt in seinem Gesicht. Hochmütig, mit erzengelhaftem Gleichmut schaut er auf seine Richter herab, die er um Kopflänge überragt.

»Nicht in den Rücken, wenn ich bitten darf«, sagt er trocken, ehe er den Raum verlässt. »Ich bin Offizier und kein Spion. Ich verlange, in die Brust geschossen zu werden.«

Da stürmt Padre Lidio die Treppe zum Kreuzgang hinauf, stellt sich der Gruppe entgegen.

»Du hast ja nicht gebeichtet, mein Sohn … Ihr könnt ihn nicht ohne Beichte erschießen.«

Die Soldaten geben achselzuckend nach, schlagen mürrisch den Weg zur Kirche ein, pflanzen sich rechts und links vom Beichtstuhl auf und schauen sich gelangweilt um, während Aldo dem Padre seinen in einer Kleidungsfalte verborgenen Partisanenausweis zuschiebt. Er ist Leutnant bei der Perseo.

»Gehen Sie zu meinen Eltern, berichten Sie ihnen«, bittet er.

Er wurde, erzählt er in Eile flüsternd, am Vortag zusammen mit drei Engländern bei einer Erkundungsstreife gefangen und zum Monte Morello in das Hauptquartier zum Obersten

Fuchs, dem Unstern von Florenz gebracht. Zwischen den Verhören rät Aldo dem englischen Hauptmann, Zigaretten wie unabsichtlich vor die Füße des Postens fallen zu lassen, und wie der sich zu Boden bückt und auf die List hereinfallend Stück für Stück sorgsam aufliest, flieht Aldo in eine Garage. Zwei Mann liegen hier rücklings unter dem Bauch des Wagens, schrauben und hämmern an seinem Eingeweide. Aldo übersteigt die zwei gespreizten Beinpaare, die ihm den Durchgang versperren und gelangt durch die gegenüberliegende Tür in das offene Feld, er flieht weiter in geducktem Lauf, krauchend und schleichend, an gefährlichen Kreuzwegen kauert er sich ins Gesträuch, bis die Luft rein ist. Schließlich erreicht er das exterritoriale Gelände der Villa Fontanella, deren Hausherr bereit ist, ihn zu beherbergen. Er wechselte jedoch nur die Kleider, denn er wollte ohne Verzug zur Badia gelangen, wo sein Vater Zögling war, um von dort gleich an die Front zurückzukehren.

Er kritzelt einen Zettel mit der Adresse seiner Eltern, schreibt »Vater, verzeih mir Euren Schmerz« auf die Rückseite. Der linke Posten tut einen Satz, greift das Papier, zerreißt es in Stücke, nur die Geldscheine, die Aldo bei sich hat, darf Padre Lidio nehmen, um sie den Eltern zu bringen.

Die Soldaten treiben zur Eile an. Sie werden jedoch vor der Tür des Kommandos noch einmal aufgehalten und hineingerufen. Der Feldwebel schreit den Verurteilten in schlechtem Schulenglisch an, Aldo antwortet mit einem fließenden, englischen Redeschwall. »Sehen Sie …«, triumphiert Alexander, »er ist kein Italiener, das habe ich gleich an seinem Akzent gehört, für mich ist er Engländer.«

Einen englischen Offizier erschießen, falls er kein Spion ist …? Der verwundete Feldwebel ist unschlüssig.

»Bringt ihn zum Kommandanten«, befiehlt er dann.

»Na und …?« donnert er, als die zwei Begleiter erst nach Stunden zurückkommen. »Wo ward Ihr denn, habt wohl geschlafen unterwegs?«

»Wir haben ihn nach Fiesole bringen müssen, der Herr Oberfähnrich wollte nicht allein entscheiden.«

»Na und …?«

»Kriegsgericht in der Priesterschule mit einer Dame als Dolmetscherin. Er war weiter frech und unbekümmert, als ob er nichts auf dem Gewissen hätte, redete immer in fremden Sprachen, wollte wohl alle an der Nase herumführen. Ist er Spion, muss er erschossen werden, ist er Partisan, muss er erschossen werden, ist er ein verkleideter Engländer, muss er ebenfalls erschossen werden. Vorläufig wurde er eingesperrt.«

»So, und jetzt schafft ihr mich nach oben, geht als Bewachung mit.«

Zwei Männer mit kräftigen Rücken werden als Träger bestimmt. Ihre Frauen rennen ihnen bestürzt bis an den oberen Ausgang nach, obwohl das streng verboten ist. Schwestern, Tanten, Kusinen, Nichten drängen sich hinzu. Es entsteht ein Durcheinander, nicht unähnlich wie am Tag unserer Ankunft, und diese Erinnerung muss es sein, die mir plötzlich meinen Entschluss eingibt. Ich gehe auf den Ostpreußen zu, der sich bemüht, die erregten Frauen in das Haus zurückzuschieben und rufe ihn zur Seite.

»Ich möchte Sie darauf aufmerksam machen, dass ich versuchen werde, zu fliehen.«

Er schlenkert beim Heben des Armes seinen Blusenärmel zurück, schaut auf seine Armbanduhr, als hätte ich ihn nur nach der Zeit gefragt.

»Der Kommandant ist in der Villa Salviati, er will in einer halben Stunde hier sein, Sie haben eine halbe Stunde Vorsprung, und bei dem Unwetter, das sich zusammenzieht«, er hebt den Blick zum Himmel, »wird er sich wohl verspäten … Ich glaube zwar nicht, dass Sie heil nach Florenz hineinkommen. Warten Sie auf jeden Fall, bis ich meinen Kontrollgang beginne, dann bin ich nicht verantwortlich.«

Ich warte, bis er den Kontrollgang antritt und mache mich mit dem Chow auf den Weg. Nach wenigen Minuten schon stürzt ein Wolkenbruch nieder, wie ich ihn nie unter freiem Himmel erlebte. Kein Mensch, kein Tier ist unterwegs, alles hat sich in Flure und unter Dächer geflüchtet. In einem Schuppen erspähe ich ein Stück deutscher Regenhaut, doch ihr Träger schenkt mir keine Beachtung. Chows sind regenscheu, sie beschmutzen sich ungern die Pfoten. Ich muss mit aller Kraft an der Leine zerren, damit der Hund vorwärts läuft. Der Schlamm dringt in meine Sandalen, die Sohlen weichen auf, das Gummi löst sich vom Leder. Ich reiße die Fetzen ab und laufe weiter. Das Wrack eines Straßenbahnwagens versperrt den Ausgang der Via Boccaccio. Ich suche Schutz unter dem aufgerissenen Dach, von dessen zerfransten Rändern das Wasser niederklatscht.

»Achtung Minen!« ruft eine Stimme von ich weiß nicht woher.

»Danke«, erwidere ich und renne weiter.

Triefend, mit klatschnassen Haarsträhnen, in einem streifig verfärbten Kleid, das mir auf der Haut klebt, erscheine ich im Haus meiner Freunde. Man führt mich in das Gartenzimmer, das für mich bereit steht, gibt mir heißen Kaffee zu trinken, bringt mir trockene Kleider. Auch meine Tasche ist durchnässt, der Inhalt hat sich in ein unansehnliches Knäuel verwandelt.

»Ich habe sonst nichts bei mir, auch nichts zu essen und nichts für den Hund«, sage ich. »Ich möchte das Tier gleich töten lassen.«

Es wird jemand zum Tierarzt geschickt, der ganz in der Nähe wohnt. Er könne gleich kommen, lässt er bestellen, nur müsse ich nachher den toten Hund selber forttragen.

»Ich kann doch nicht mit meinem toten Hund auf den Armen durch die Straßen gehen«, sage ich und fange haltlos an zu weinen.

Die Schlacht um den Hügel dauert noch die ganze letzte Augustwoche an. Ich sehe des Morgens beim Erwachen den Widerschein des warmen Frühlichts auf der Brandmauer hinter dem Garten, denke an den Hügel, denke an den Kampf, der um ihn geführt wird. Er erscheint mir in seinem eigentümlichen Honiglicht wie ein schönes Gesicht, an dem ein hässlicher Aussatz frisst. Man kann unter dem entstellenden Schorf die heilende Haut nur ahnen.

Dann, am Morgen des ersten Septembers, geht das Gerücht um, der Hügel sei befreit. Die letzten Deutschen sind abgezogen. »Der Hügel ist frei«, geht es von Mund zu Mund. Um die Mittagszeit ist es Gewissheit. Auf dem Minoplatz weht die Trikolore. Der Hügel ist frei. »Beachtenswerte Fortschritte wurden auch im Gebiet von Florenz erzielt, die Truppen der achten Armee sind auf beiden Seiten der Stadt bedeutend vorgerückt«, meldet der alliierte Heeresbericht dieses Tages.

Wir lesen es am zweiten September im Morgenblatt. Etwas später gehe ich aus, und an der ersten Straßenecke vor dem Spital um Santa Maria Nuova stoße ich auf die Jungbäuerin, die mir wortlos in die Arme fällt.

»Oh, Assuntina, wie geht es der Kleinen …?«

»Sie lebt noch, doch sie hat hohes Fieber, ich durfte sie nur kurze Zeit sehen, dabei fühle ich, dass sie mir stirbt.« Sie reibt sich mit den Daumenballen die Augen. »Und wann kommen Sie wieder nach Hause, Signorina …?«

»Heute«, sage ich, »wenn Du wartest, können wir zusammen gehen.« Eine halbe Stunde später sind wir bereits auf dem Weg, neben mir trottet der Chow an seiner Leine.

»Seid Ihr denn schon wieder zu Haus …? Habt Ihr eigentlich meine Botschaft bekommen?«

Es hatte mich am Tag nach der Flucht eine Krankenpflegerin aufgesucht mit der Bitte, ihr einen deutschen Brief an das Badia-Kommando zu schreiben und für einen der Insassen um ein paar Stunden Urlaub zu bitten. Sie zeigt mir das Zeugnis eines Arztes und einen von zittriger Altweiberhand gekritzelten Zettel. Er ist von einer sterbenden Mutter verfasst, die darum bittet, ihren einzigen Sohn, der in der Badia Zuflucht gefunden hatte, vor ihrem Tod noch einmal zu sehen. Ich schreibe ihr den Brief unter einer Bedingung, sie muss meinen Gärtner Beppino warnen. Haus, Garten und Felder sind schwer vermint. Es soll niemand dorthin zurückkehren, ehe nicht die Minenräumer da waren und ehe ich selber komme. »Sie hat es uns durch Beppes Sohn bestellt«, sagt Assuntina.

»Wir haben große Angst ausgestanden, man würde uns als Geiseln nehmen, weil der Mann nicht wiederkam. Er hatte nämlich gar keine sterbende Mutter, und die Botin war auch gar keine Krankenschwester, sondern er war ihr Mann und ein Partisan.«

»Ich weiß …, ich weiß.«

»Und die Angst wegen Ihnen, Signorina … Jede Nacht wurde einer von uns gerufen, immer so gegen zwei oder drei, wenn man gerade einschlief, einmal Beppino, einmal mein Bruno, die Männer sollten verraten, wo Sie wären, und wir wussten doch gar nichts …, mir zittert noch heute das Herz.«

»Ist sonst noch Schlimmes geschehen …?«

»Sie waren wohl schon fort, als morgens an der Badiasteige im Haus des Maurers die Mine hochging, während sieben Leute Wasser pumpten …, zwei tot und die anderen so schwarz verkohlt, dass wir dachten, es kämen verwundete Neger.«

»Und was ist aus den drei Frauen geworden?«

»Die drei bei Ihnen, die Stationsvorsteherin mit Tochter und Nichte, sind zu uns in die Badia gezogen, als der Feldwebel fortgetragen wurde, bepackt mit Koffern und all Ihren besten Sachen. Beppes Frau hat sich nur die Haare gerauft …, Rosina ist mit dem Kapitän nach Norden gegangen und die Frau und die Köchin …, man weiß nicht recht. Gestern Morgen kam einer und berichtete, auf dem Ufer hinter der gesprengten Brücke lägen zwei unkenntliche Frauenleichen. Der Gärtner der Villa ging gleich hinunter, kam mit einem Schuh in der Hand zurück, es war eine feine, hellblaue Sandale. Er sagte, der Schuh gehörte der Dame; sie legte ja immer viel Wert auf elegantes Schuhwerk. Nur dadurch könnte man sie noch erkennen, und eine Alte von der Brücke behauptet, es wären vor ungefähr zehn Tagen zwei Frauen von einem Soldaten geführt unter ihrem Fenster vorbeigekommen, von denen eine eine schwere Tasche schleppte. Die Alte wollte ihr den Koffer verwahren, doch sie wollte nur ein Glas Wasser trinken. Dann zeigte ihnen der Soldat den Weg am Ufer, wo keine Minen lägen und dann wurde geschossen. Padre Lidio erinnert sich auch an Schüsse aus den Badiafenstern.«

Nach etwas mehr als einer Stunde biegen wir aus der Via Piazzuola zwischen dem Hause der toten Amerikanerin, dem fensterlosen Camerata-Spital und der Parkmauer der Villa Pisa zum Platz von San Domenico ein. Das Haus des Bäckers steht noch und auch das Altersheim, das Kloster und die Kirche.

Aus dem Schatten der Bogenhalle tritt eine hohe, schwarz gekleidete Gestalt: der Prior aus Fontelucente. Wir schütteln uns stumm die Hände. Padre Francesco kann mir nur die Linke reichen. Sein rechter Arm ist operiert und steckt noch im Gipsverband.

»Traurige Kunde ...?« frage ich, schlucke meine Bewegung nieder, »was ist mit den Futaflüchtlingen?«

»Zwei hat man eingefangen. Sie hatten sich zur Sicherheit ein Papier von der Organisation Todt beschafft, waren mit Lupo unterwegs, als von den Lastwagen, die vorüberfuhren, plötzlich einer neben ihnen bremste. ›Da sind ja die Ausreißer‹, rief ein Soldat. ›Ich erkenne sie an ihrem Hund ...‹ Man hat sie vor vier Tagen abends nach Fiesole gebracht und dann wieder fortgeschafft.«

»Und Aldo Arcangeli ...?«

»Wurde nachts in das Bergquartier eines Generals gefahren und von da mit anderen weiter in Richtung Bologna; er ist wieder entflohen.«

»Der hat auch seinen eigenen Schutzengel«, sage ich.

»Genau wie Sie«, lächelt der Prior. »Dem armen Padre Lidio hat man zwei Mal sein ganzes Archiv durcheinandergeworfen, weil man meinte, Sie wären darin versteckt.«

Wir schlagen den Weg zur Badia ein, und dann steige ich zum Haus hinauf. Ich gehe durch das Tor meiner Nachbarn. Die Palazzine-Straße ist durch eingestürzte Mauern versperrt, ich schlage den Wiesenpfad zum Bunker ein und gehe von da zum Bauernhof weiter und dann den Milchmädchenweg aufwärts. Er ist, wie man mir sagte, auch schon begehbar und minenfrei.

In der Faentiner Straße wurde Menschenjagd abgehalten, als ich diesen Pfad zum letzten Mal ging. Nun liegt das Haus vor mir.

Löcher gähnen, Risse klaffen, Decken sind eingestürzt, der Dachstuhl ist abgedeckt. Das Haus ist voll von Scherben, Schmutz und Schlamm, von fremdem, faulem Gestank. In jeder Schublade stecken Minen. Bücher sind zerfleddert, die Seiten mit Kot beschmiert. Im Eingang steht noch gespenstisch zwischen Trümmern der Mittagstisch mit dem Gedeck vom ersten Tag, steht verschimmelt, voller Ungeziefer das halbleere Glas des Offiziers, Ketten von daumengroßen Würmern kriechen auf den Tellern, muntere Ratten jagen sich. Am Zitronenhaus in der Zisterne schnattert eine Gans. Kot auch hier, eine Monatskloake, in die man die zu mageren Tiere geschleudert hatte. Den Hals über den Morast gereckt, konnte es sich am Leben erhalten. Hoch im glatten, grauen Glyziniengestämme, wo kein Soldatenarm hinlangen konnte, hat sich ein weißes, winziges Huhn verborgen, es wird fortan Zeit seines Lebens in diesem Astwerk schlafen. Im Brunnen modert ein totes Lamm und bedroht uns mit tödlichem Typhus. Unter den faulenden Garben im Feld liegen Minen verborgen. Unser Korn verwest, aber die Olivenbäume tragen schon neue Früchte.

Ich reiße ein Zweiglein vom nächsten Ast. Es hat drei harte grüne Beeren. Zum neuen Jahr werden sie reifen. Im neuen Jahr wird Frieden sein.

*Der Dom von Fiesole*

# Anmerkungen

**Zum Untertitel** Der Originaltitel lautet *Die Schlacht um den Hügel. Eine Fiesolaner Chronik vom August 1944*. Der Untertitel wurde zum besseren Verständnis leicht umformuliert in: *Eine Chronik aus Fiesole im August 1944.*

**Amphitheater** 79 Am nördlichen Rand der Altstadt gelegenes, heute noch genutztes römisches, antikes Theater

**Badia 8, 12 ff.,17, 22, 24, 43, 49, 56, 61, 66, 73, 81, 83, 84, 98, 102, 111, 113, 118 ff.** Die *Badia Fiesolana* (eigentlich *Badia di San Bartolomeo*) ist eine Abtei (Badia) in dem zu Fiesole gehörenden Ortsteil San Domenico. Heute sind die Badia und das dazugehörige Kloster Teil des Europäischen Hochschulinstituts.

**Bischofspalast 90 f.** Gebäude an der *Piazza Mino* in Fiesole, das im 11. Jahrhundert erbaut wurde und als Residenz des Bischofs von Fiesole dient

**Calderaio** 74 Kupfer-/Kesselschmied

**Camerata-Spital 81, 96, 119** Krankenhaus in Fiesole

**Carità 30,** 74 Mario Carità (3.5.1904 – 19.5.1945) war ein italienischer Faschist, der als Polizist an der Spitze der für ihre Greueltaten berüchtigten Gruppe Carità stand.

**Casentino 103** Gebirgstal in der Provinz Arezzo der italienischen Region Toskana.

**Cava** 24 Steinbruch

**Cosimo 58, 99** Cosimo de' Medici (1389 – 1464) war ein Staatsmann, Bankier und Mäzen, der jahrzehntelang die Politik seiner Heimatstadt Florenz lenkte und einen wesentlichen Beitrag zu ihrem kulturellen Aufschwung leistete.

**Damigiana/Damigiane** 74, **98** größere Korb-/Ballonflasche (Einzahl/ Mehrzahl)

**Deutsches Kreuz in Gold 62** Das Deutsche Kreuz war eine Militärauszeichnung im Zweiten Weltkrieg und wurde für »vielfach bewiesene außergewöhnliche Tapferkeit oder für vielfache hervorragende Verdienste in der Truppenführung« verliehen.

**Fiesole** 7 f., **19, 33 f., 79, 90, 93, 111, 114, 120** Die Stadt ist bereits seit Jahrhunderten als exklusiver Vorort der florentinischen Oberschicht bekannt (auch durch den Bau der Villa Medici von Fiesole von 1457) und bleibt bis heute noch immer die reichste Gemeinde der gesamten Toskana.

**Fontelucente** 7, **11 f. 24 f., 34, 73, 78, 87, 90, 93, 102 f., 120** Ortsteil von Fiesole, mit zahlreichen Villen und der Wallfahrtskirche zum Heiligen Kreuz von Fontelucente; spektakulärer Blick auf Florenz und über das Tal des Mugnone auf den Monte Rinaldi

**Futa 10, 34, 92, 100,103** Der Futapass *(Passo della Futa)* überquert den Apennin in der Gemeinde Firenzuola, die 40 km nördlich von Florenz entfernt ist.

**Futaflüchtlinge 120** Männer aus Fiesole, die zur Zwangsarbeit zum Futapass gebracht wurden

**Gabinetto** 77 Toilette

**Giovi 34** Der Monte Giovi ist eine Verlängerung des Appenins und trennt die nördlich gelegene Landschaft Mugello von der Ebene um Florenz.

**Graben auswerfen 18** einen Graben durch Beseitigung von Unrat, Gestrüpp reinigen, säubern

**H. K. L. 16** Hauptkampflinie

**Hügel des Chianti 87** Die Chianti-Hügel sind eine kurze Bergkette zwischen den Provinzen Florenz, Siena und Arezzo.

**Maiano** 7, **68** Ortsteil von Fiesole

**Marsfeld 60** *Campo di Marte,* Ortsteil von Florenz

**miniert 80** vermint

**Minoplatz 91, 93,** 117 *Piazza Mino,* Hauptplatz im Zentrum Fiesoles

**mir zunächst** 70 mir am nächsten

**Misericordiabrüder** 79 Gemeinschaft der Brüder der Barmherzigkeit, eine katholische Gemeinschaft, die im 14. Jahrhundert gegründet wurde.

**Monte Ceceri** 7, **34** Um 1505 ließ Leonardo da Vinci an den Hängen des Monte Ceceri Flugübungen mit einem selbstgebauten Fluggerät durchführen.

**Monte Morello 112** Der Monte Morello ist der höchste Berg im Florentiner Tal und liegt nordwestlich von Florenz.

**Mugnone** 7, **10, 14, 17, 24, 49, 60,** 75, **78** Der Mugnone ist ein Fluss, der im Mugello, einer Landschaft nördlich von Florenz entspringt, entlang der Straße nach Faenza *(Via Faentina)* im Tal Fiesole umläuft und am Fuße der Badia *(Badia Fiesolana)* weiter nach Florenz fließt, bis er in den Arno mündet.

**Neger 119** Die Benutzung dieses Wortes entspricht dem zum damaligen Zeitpunkt üblichen Vokabular und ist von der Autorin nicht abwertend zu verstehen. Die Herausgeberin distanziert sich vom Wort.

**offene Stadt** 17, **22** s. Anm. 2, S. 131

**Pietra-Serena-Sandstein 55** grauer Sandstein aus der Provinz Florenz mit uniformer Struktur

**povero figlio di mamma 30** armer Sohn einer Mutter

**San Domenico 57, 64, 80 f., 83, 98, 111, 119** Das Dominikanerkloster San Domenico in Fiesole wurde 1406 gegründet.

**Scarperia** 78 *Scarperia e San Piero* ist eine italienische Gemeinde und liegt etwa 26 km nördlich von Florenz.

**Settignano** 7 nordöstlich von Florenz in Hanglage liegendes Dorf

**untrennlich** 45 unzertrennlich

**voi Dio, noi Hitler** 97 ihr Gott, wir Hitler

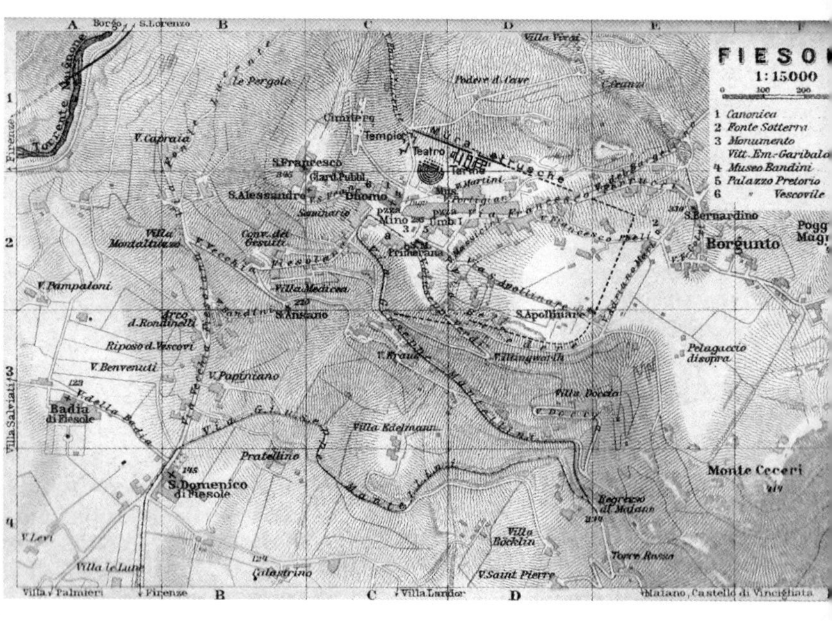
FIESO
1:15000
1 Canonica
2 Fonte Sotterra
3 Monumento Vitt. Em.-Garibaldi
4 Museo Bandini
5 Palazzo Pretorio
6 " Vescovile
Torrente Mugnone
Le Pergole
V. Capraia
Cimitero
Tempio
Teatro
Terme
Podere d. Cave
Villa Virgi
S. Francesco
Giard. Pubbl.
S. Alessandro
Duomo
Seminario
Mino
Umb. I
Villa Montaltuzzo
Conv. dei Gesuiti
Villa Medicea
S. Ansano
S. Apollinare
S. Bernardino
Borgunto
V. Pampaloni
Arco d. Rondinelli
Riposo d. Vescovi
V. Benvenuti
V. Papiniano
V. Kraus
V. Illingworth
Pelagaccio disopra
Villa Doccia
Badia di Fiesole
Villa Edelmann
Pratellino
S. Domenico di Fiesole
Monte Ceceri
V. Levi
Villa le Lune
Calastrino
Villa Böcklin
V. Saint Pierre
Torre Rossa
Villa Palmieri
Firenze
Villa Landor
Maiano, Castello di Vincigliata
Villa Salviati

# »Im neuen Jahr wird Frieden sein«.

## Hanna Kiels Erinnerungen an den August 1944

Der Text *Die Schlacht um den Hügel. Eine Chronik aus Fiesole vom August 1944* der deutschen Schriftstellerin und Kunsthistorikerin Hanna Kiel (1894–1988) entstand unmittelbar nach dem Krieg. Kiel beschreibt darin die letzten Wochen der deutschen Besatzung des nördlichen Hügels von Florenz, der Gegend um Fiesole.[1] Eine Chronik im engeren Sinn ist ihr Text allerdings nicht, denn es fehlen genauere zeitliche Angaben und eine entsprechende Struktur. Es ist auch kein Tagebuch oder ein Bericht, sondern ein literarischer Text, in dem ein erlebendes Ich im Vordergrund steht, das die historischen Ereignisse, die nur wenige Zeit zurücklagen, reflektierend erzählt. Leserinnen und Leser erfahren aus der Perspektive einer Frau vom Alltag des Krieges, in dem es neben der Gewalt, den Schüssen und Minen, dem Tod, Hunger und Chaos auch menschliche Hilfe und Verständigung selbst zwischen den feindlichen Seiten gab.

Die *Villa Le Palazzine* in San Domenico am Fuße Fiesoles, in der Hanna Kiel damals lebte, wurde von der Wehrmacht als Standort benutzt. Die zu der Villa gehörenden Bauernhäuser und die Nachbarhäuser wurden geplündert und beschossen. Die Bewohnerinnen und Bewohner, für die Kiel teilweise ver-

1 Florenz wurde von den Alliierten und Partisanen am 11.8.1944 befreit, die Wehrmacht rückte weiter nach Norden und zog erst am 1.9.1944 aus Fiesole ab.

*Blick aus Hanna Kiels Wohnung Richtung Florenz*

antwortlich war, mussten in Kellergeschossen leben und waren Repressalien ausgesetzt. Nicht nur Partisanen und Deserteure, sondern auch die Zivilbevölkerung war ständig in Gefahr.

Hanna Kiel kam, als Deutscher, in dieser Situation eine besondere Rolle zu: Sie musste zum einen immer wieder für die Wehrmacht übersetzen und Botschaften übermitteln, zum anderen versuchte sie, der italienischen Bevölkerung soweit wie möglich zu helfen. Sie stand – wenn auch nicht bedingungslos – auf der Seite dieser Menschen. Als genaue Beobachterin erkannte sie, wer aus Selbstschutz oder Opportunismus zu Kompromissen bereit war, wer unvorsichtigen Heroismus zeigte und wer im Chaos des Krieges unterging. So wie die Italiener und Italienerinnen nicht alle Opfer waren, waren auch die deutschen Soldaten nicht alle schonungslose Täter. Bei den Männern in Uniform erfasste sie schnell, woher sie kamen und was sie wollten, unabhängig von ihrer Position. Für den Kommandeur dieser Einheit hatte die mehrsprachige Hanna Kiel, die weniger erpressbar war als die meisten der Menschen dort, zu viel gesehen und gehört. Sie sollte nach Norden fortgebracht werden, weigerte sich jedoch und riskierte damit ein Todesurteil. Doch konnte sie entkommen und versteckte sich die wenigen Tage, bevor die Alliierten in Florenz einzogen.

Dies alles erzählt Kiel mit empathischem und zugleich distanziertem Blick. Wie es ihr selbst dabei ging, erfahren wir nur an wenigen Stellen, es sind die Beschreibungen der Menschen und sogar der Tiere, an denen wir indirekt auch ihre Schmerzen, die Wut und Resignation ablesen können. Hanna Kiel konnte diesen Text Ende 1945 und 1946 mit Abstand schreiben, denn ein mehr oder weniger glücklicher Ausgang lag hinter ihr. Doch war die Erinnerung an die Ereignisse noch sehr gegenwärtig, die Dialoge haben einen hohen Grad an Direktheit, wodurch sie ihre Leserschaft eng in das Geschehen miteinbindet. Die Ereignisse in ihrer Unübersichtlichkeit, die wechselhaften Beziehungs- und Frontverläufe, stellte sie nicht mit einem späteren Ordnungswissen dar.

Wie kam es zu der äußerst komplexen politischen und militärischen Situation in Italien im August 1944? Nach 1933 näherten sich Benito Mussolini, *il Duce* – seit 1922 in Italien an der Macht –, und Adolf Hitler immer mehr an. Dieser besuchte 1938 Italien, zunächst Rom, dann Florenz, und war beeindruckt von Mussolinis Selbstdarstellung und der Inszenierung des Faschismus. Im Jahr 1939 folgte durch den *Stahlpakt* das militärische Bündnis zwischen den beiden Ländern, was Italien wirtschaftlich und militärisch an Deutschland band. Auch wenn der Zweite Weltkrieg 1939 durch den Überfall der deutschen Truppen auf Polen begann, erklärte Italien erst 1940 Großbritannien und Frankreich den Krieg, ab September 1940 kam es zu dem Dreimächtepakt zwischen Deutschland, Italien und Japan. 1941 bildeten dann die USA und Großbritannien als erste eine Anti-Hitler-Koalition, die sogenannten Alliierten, die Anfang Juli 1943 mit der Landung in Sizilien begannen, ihre Truppen langsam Richtung Rom zu bewegen. Mussolini wurde Ende Juli entmachtet, es folgte am 8. September 1943 der Waffenstillstand zwischen den Alliierten und dem Marschall Badoglio als dem von König Viktor Emanuel III. autorisierten Vertreter der neuen Militärregierung für den südlichen, von den Alliierten befreiten Teil Italiens.

Im Norden Italiens wurde stattdessen am 23. September 1943 die *Repubblica Sociale Italiana* gegründet, auch unter dem Namen *Repubblica di Salò* bekannt (nach Salò am Gardasee, wo sich der Regierungssitz befand), mit Mussolini als Staatschef, dessen Streitkräfte Seite an Seite mit den Deutschen weiterkämpften. Italien war nun in zwei Zonen geteilt, in eine südliche befreite Zone und in eine nördliche, in der die Deutschen als Besatzungsmacht fungierten. Eine der Aufgaben der Wehrmacht war es, den Verlust der kriegswichtigen Industriegebiete Norditaliens zu verhindern.

Die Republik von Salò erklärte dem Königreich Italien den Krieg, denn die Republik erhob Anspruch auf ganz Italien. De facto reduzierte sich das Staatsgebiet der Republik allerdings zunehmend, da die Alliierten langsam gen Norden vorrückten. Neapel wurde Ende September 1943, Rom erst im Juni 1944 befreit. Dieses langsame Vorrücken ging auf Stellungskriege zurück, die vor allem im Apennin stattfanden, einem durch Flüsse und Täler geografisch schwierigem und wenig besiedeltem Gebiet, in dem die Wehrmacht sich verteidigen konnte. Nördlich von Rom, in Umbrien und in der Toskana, wurden die Stellungen erst ab Sommer 1944 aufgegeben. Florenz lag nur wenige Kilometer von der sogenannten Gotenstellung entfernt, einer Verteidigungslinie, die Italien von Osten auf der Höhe von Pesaro in der Region Marken, nach Westen bis nach Massa in der Toskana quer durchzog. Eine große Rolle spielten die italienischen Partisanen, da sie das Territorium oft sehr gut kannten und die deutschen Truppen gezielt angriffen. So konnte die Situation an einzelnen Orten im Spannungsfeld zwischen Wehrmacht, SS und italienischen Faschisten, zwischen den Bürgermeistern und örtlichen Autoritäten mit ihren unterschiedlichen Haltungen, der Bevölkerung und den Partisanen recht verschieden sein.

Auch Florenz wurde am 3. Juli 1944 wie zuvor schon Rom zur offenen Stadt, *città aperta*[2], erklärt. Dies war zum Teil auch die Konsequenz der Bombardements der Alliierten, da durch eine Reihe von Flächenbombardements von italienischen Städten

---

2 Als »offene Stadt« *(città aperta)* bezeichnet man im Kriegsrecht einen Ort, der nicht verteidigt wird und daher nicht angegriffen oder bombardiert werden soll. Florenz war zwar von deutscher Seite zur »offenen Stadt« erklärt worden, aber de facto wurde dies von den Kriegsparteien nicht anerkannt.

(am 25. September 1943 beispielsweise in Florenz) die Haltung der Bevölkerung erschüttert werden sollte, um zum Sturz des faschistischen Regimes beizutragen. Doch im Sommer 1944 verschlechterte sich die Situation weiter: Obwohl die deutschen Militärs die Stadt räumen sollten, hielten sich weiterhin Truppenteile dort auf. Alle Versuche, auch die des damaligen deutschen Konsuls Gerhard Wolf[3], den Status als offene Stadt anzuerkennen, hatten keinen Erfolg, so dass die Situation ungeklärt blieb.

Dadurch veränderte sich Ende Juli 1944 auch die Lage für die Orte auf den nördlichen Hügeln von Florenz: Sie waren nun nicht mehr Rückzugsgebiet der Menschen aus der Stadt, sondern wurden Kampfgebiet. Die Wehrmacht begann genau das Gebiet zu besetzen, das Hanna Kiel beschreibt: die Orte Fiesole, Fontelucente und San Domenico am Monte Ceceri, den gegenüberliegenden Monte Rinaldi und das dazwischenliegende Tal des Mugnone, einen nur 17 km langen Fluss, der Florenz von Norden nach Süden durchläuft und in den Arno mündet. Die großen Einfallstraßen aus dem Norden, die Via Bolognese, Via Faentina und Via S. Domenico, führen noch heute direkt von den Hügeln in die Stadt hinab.

---

3 Vgl. die zahlreichen Briefe von Gerhard Wolf im Archiv des Deutschen Historischen Instituts Rom, sowie die Biografie des Konsuls von Cornelia Regin, *N9. Gerhard Wolf (1896–1971),* Deutsches Historisches Institut Rom 1997, Archiv, geringfügig überarbeitet von Karsten Jedlitschka 2005. Außerdem existiert eine romanhafte Darstellung, die auf Interviews in den 1960er Jahren zurückgeht: David Tutaev, 1967, *Der Konsul von Florenz. Die Rettung einer Stadt.* Düsseldorf; (engl. Original: *The Man who saved Florence,* 1967).

*Blick auf Florenz von San Francesco aus*

Von den Villen auf diesen Hügeln sieht man direkt auf das nahe Florenz im Arnotal hinunter. Deshalb boten sie eine ausgezeichnete Stellung, um die Stadt zu beobachten. In den Olivenhainen konnten Geschütze versteckt und bewegt werden. Die Villen waren außerdem willkommene Unterkünfte für die Wehrmacht, deren Keller boten Schutz auch bei Angriffen. Die Soldaten fanden eine meist komfortable Ausstattung und selbst in Kriegszeiten gab es aufgrund des Naturalpachtsystems Lebensmittel vom Ertrag der Bewirtschaftung der Felder, die zu den Villen gehörten.

Vom 3. August 1944 an war der gesamte Hügel von Fiesole zum militärischen Gebiet erklärt worden und in der Nacht zum 4. August wurden fünf der sechs Brücken über den Arno in Florenz gesprengt, um den Vormarsch der Alliierten zu behindern. Verschont blieb nur der Ponte Vecchio, doch die auf

*Badia Fiesolana*

beiden Uferseiten zur Brücke führenden Straßenzüge wurden bombardiert.

Die gesamte Zivilbevölkerung auf dem Hügel am Fuß von Fiesole wurde in wenigen Gutshäusern zusammengedrängt, um sie besser unter Kontrolle zu haben; außerdem wurden sie zu Arbeiten verpflichtet. Die Männer mussten beispielsweise nachts Geschütze bewegen oder Schützengräben ausheben, die Frauen mussten für den Haushalt sorgen und oft noch für sehr viel mehr. Am 6. August 1944 wurden in Fiesole 200 Männer auf der Piazza Mino, dem zentralen Platz, versammelt. Einige davon sollten bei Arbeiten vor Ort helfen, der Großteil jedoch wurde Richtung Norden zu anderen Stützpunkten geschickt. Am 9. August 1944 kam der Befehl an die Bewohnerinnen und Bewohner, diesen Teil des Hügels zu räumen. Sie wurden im Keller des alten Klosters, der *Badia Fiesolana*, zusammengepfercht. Der Stellungskrieg auf dem Hügel zwischen der Wehrmacht, den Partisanen und den Alliierten ging nun in seine letzte, entscheidende Phase. In den folgenden Tagen fand in der Stadt ein erbitterter Häuserkampf zwischen den italienischen Widerstandskämpfern, italienischen Faschisten und der Wehrmacht statt. Erst am 12. August überquerten die alliierten Truppen den Arno, doch die Kämpfe mit den langsam abziehenden deutschen Truppen dauerten noch bis Ende August an.

Hanna Kiel, die aus der Villa geflohen war und am 2. September 1944 dorthin zurückkehrte, fand Chaos und Zerstörung vor. Und der Schrecken hielt noch an, denn die Gegend war vermint, was weitere Menschenleben kostete. Doch es gab Hoffnung: »Im neuen Jahr wird Frieden sein«.

Doch wer war Hanna Kiel?

Hanna Kiel wurde als Johanna Pauline Kiel am 21. April 1894 in Hamburg-Altona geboren (und nicht wie gemeinhin angenommen 1898)[4]. Dieses Geburtsdatum gab Hanna Kiel

4 Diese wie andere der folgenden Informationen gehen aus den von mir vorliegenden Archivalien hervor, darunter der Geburtsurkunde von Hanna Kiel. An dieser Stelle möchte ich mich bei all denjenigen bedanken, die mich bei dieser Recherche unterstützt haben (in alphabetischer Reihenfolge): Kathryn Bosi, Margarita Dane, Manfred Flügge, Thomas Gruber, Detlef Heikamp, Simona Leonardi, Paolo Paoletti und Klaus Voigt (1938–2021).

auch in dem für ihre Dissertation beigefügten Lebenslauf an.[5] Die Mutter starb kurz nach der Geburt der Tochter, der Vater wanderte 1898 nach Venezuela aus, wurde Direktor der Deutschen Schule in Caracas und verstarb nach seiner Ankunft im selben Jahr. Hanna Kiel verbrachte ihre Kindheit und Jugend zwischen Bielefeld und Gütersloh, wo sie teils bei der Familie ihrer Mutter wohnte, teils später bei der ihres Vaters, die wahrscheinlich auch das Studium finanzierte.

Vom Wintersemester 1916 an war Hanna Kiel an der Universität München eingeschrieben und promovierte im Fach Literaturwissenschaft am 15. März 1922 bei Fritz Strich mit einer Arbeit zum Thema »Ludwig Tieck und das junge Deutschland«. In unmittelbarer Nähe zur Universität in Schwabing wohnend, wechselte sie dort mehrmals die Adresse. Die Schriftstellerin Elisabeth Castonier berichtet in ihren Memoiren, dass sie 1920 »zwei kleine, billige Zimmer in einem Hinterhaus der Isabellastraße« gefunden hatte und fährt fort: »Die zwei anderen Zimmer im selben Stockwerk gehörten einem Mädchen namens Hanna Kiel, einer Kunsthistorikerin, bei der ich Hermann Kasack öfters traf«.[6]

Hanna Kiel war schon als junge Frau Teil der intellektuellen Szene der 1920er Jahre. Außer mit Hermann Kasack war sie mit den Schriftstellern Ernst Toller und vor allem Eugen

5 Das Datum wurde – wie sie in einem Brief an die Familie erklärt – verändert, denn sie brauchte 1938 einen neuen Pass, um für ihr Forschungsprojekt *Die deutschen Wurzeln der italienischen Renaissance* nach Florenz fahren zu können. Ihr ursprünglicher Pass soll ihr vorher entzogen worden sein, wie sie in einem späteren Brief aus dem Jahr 1983 an die Familie schrieb.

6 Elisabeth Castonier, *Stürmisch bis heiter. Memoiren einer Außenseiterin,* München 1967, S. 121.

Roth befreundet. Ob sich der Kontakt zu dem Verleger Kurt Wolff durch Elisabeth Castonier ergeben hatte, die zur selben Zeit auch für diesen übersetzte, bleibt unklar. Doch geht die Zusammenarbeit mit Kurt Wolff mindestens auf das Jahr 1919 zurück: In dem ihrer Dissertation beigefügten Lebenslauf schreibt Hanna Kiel, sie habe seit Oktober 1919 eine literarische Mitarbeiterstelle im Kurt Wolff-und Hyperion-Verlag, an dem Kurt Wolff seit 1913 beteiligt war. Im Hyperion-Verlag wurde 1920 auch die Erzählung »Der Runenberg« von Tieck mit Zeichnungen von Hanna Kiel veröffentlicht.

Die Zeitschrift *Genius* war von Wolff zusammen mit dem Kunsthistoriker Curt Georg Heise und dem Buchdrucker und Typografen Hans/Giovanni Mardersteig konzipiert worden. Als »Zeitschrift für alte und werdende Kunst« sollte dort das Beste sowohl der bildenden Künste als auch der Literatur zusammengestellt werden.[7] In den letzten zwei Jahren der Zeitschrift zeichnete Hanna Kiel für den literarischen Teil verantwortlich. Später übersetzte sie für Wolffs internationales Verlagsprojekt *Pantheon Casa Editrice*, das er 1924 in Florenz gegründet hatte.

Es ist die Begegnung mit Hans/Giovanni Mardersteig, die die kommenden Jahre prägte: Hanna Kiel war nun für die typografische Werkstatt *Officina Bodoni* mit Sitz in Montagnola bei Lugano aktiv, übersetzte, vertrat die *Officina* bei internationalen Kunstbuchmessen. Ihre Reisen führten sie nach England, Frankreich und immer wieder nach Italien.

---

7 Klara Denker-Nagels, Der ›Genius‹, in: Barbara Weidle (Hg.), *Kurt Wolff. Ein Literat und Gentleman,* Bonn 2007, S. 119–130.

Im Laufe der 1920er Jahre entwickelten sich aber auch eine Reihe von wichtigen Freundschaften, beispielsweise zu Erika und Klaus Mann und deren Freundeskreis, wozu auch Annemarie Schwarzenbach zählte. Gerade letztere entsprach in den 1920er Jahren einem neuen Typ, dem der berühmte Kunsthistoriker Lothar Brieger 1930 sein Buch »Das Frauengesicht der Gegenwart«[8] widmete. Brieger präsentierte darin, vor allem in der Fotografie, aktive und kreative zeitgenössische Frauen. Auch die Büste, die Georg Kolbe 1928 von Hanna Kiel schuf[9] – Kiel hatte den Bildhauer wahrscheinlich durch die *Officina Bodoni* kennengelernt –, zeigt eine solche »Frau der Gegenwart« mit kurzem Haar, androgynen Zügen und einem selbstbewussten Gesicht.

Dieses Gesicht erinnert an andere Fotos moderner zeitgenössischer Frauen, deren besonderen Ausdruck Brieger als das Ergebnis einer Umbruchszeit deutet, einer Zeit, in der Frauen in ehemals nur männliche Berufe vordringen, ihre Ausdruckkraft öffentlich entwickeln und einen anderen Lebensstil führen: Sport treiben, Auto fahren, zu Auslandsreisen aufbrechen. All dies traf auch auf Hanna Kiel zu, für die die 1920er Jahre eine Zeit der Reisen und wechselnden Wohnsitze waren. Sie lebte einige Jahre auch in Mailand, wo sie Kenntnisse als Expertin für alte Malerei und im Kunsthandel erwarb. Von Hanna Kiel gibt es leider wenige Fotos. Bekannt sind die ihrer Freundin Annemarie Schwarzenbach, die Marianne Breslauer Feilchenfeldt auf der Lenzerheide in Graubünden gemacht hatte,

---

8 Lothar Brieger, *Das Frauengesicht der Gegenwart,* Stuttgart 1930.

9 Vgl. https://sammlung.georg-kolbe-museum.de/de/objekte/portraet-dr.-hanna-kiel/64490 und https://sammlung.georg-kolbe-museum.de/de/objekte/portraet-dr.-hanna-kiel-1928-bronze/65813

wo sich Schwarzenbach und andere Freundinnen Anfang der 1930er in einem Ferienchalet von Hanna Kiel trafen. In diesem Haus beherbergte Kiel auch Katia und Thomas Mann im März 1933 für eine Woche, als diese von Erika Mann überzeugt wurden, nach einem Ferienaufenthalt in Arosa nicht mehr nach Deutschland zurückzukehren.[10]

*Georg Kolbe: Porträt Hanna Kiel, 1928*

Spätestens seit Frühjahr 1933 hatte Hanna Kiel einen festen Wohnsitz in Berlin, war Mitarbeiterin verschiedener Zeitschriften (z. B. *Die Dame*, *Die Frauen-Tribüne*), arbeitete für das Radio und war an Filmprojekten beteiligt. Sie stand dem sogenannten »Mädchenkreis« nahe, den Annemarie Schwarzenbach in Berlin um sich versammelt hatte und zu der auch die Schauspielerin Therese Giehse und die Bildhauerin Renée Sintenis gehörten.[11]

---

10 Vgl. dazu den Brief von Erika Mann an Bruder Klaus vom März 1933: »Retour kann im Augenblick keiner, – große Ratlosigkeit auch bei den Greisen. Mielein wollte zunächst den Thomas nach Lenzerheide schicken […] Hier kann man nicht bleiben, man schwankt zwischen Montagnola [Hesse], Zürich, sonstwo.« Zitiert nach Peter de Mendelssohn, *Der Zauberer. Das Leben des deutschen Schriftstellers Thomas Mann,* Bd. 3, Kapitel ›Das davongelaufene Vaterland‹, epub, Frankfurt am Main 1997.

11 Vgl. dazu Florence Hervé, Brigitte Mantilleri, Dany Gignoux, *Schweiz, Frauengeschichten – Frauengesichter,* Dortmund 1998.

Über Renée Sintenis veröffentlichte Hanna Kiel 1935 eine nach wie vor grundlegende Monografie. Darin grenzt Kiel die »neue Frau« deutlich von traditionellen Vorstellungen der Kreativität der Frau als Mutter ab und stellt Renée Sintenis als Beispiel einer unabhängigen schöpferischen Frau dar, die die äußere Welt aktiv gestaltet und kein Abbild der Wirklichkeit, sondern ein neues, eigenes Bild[12] davon entwirft. Bei der Figur der Daphne, der letzten weiblichen Figur im Werk von Renée Sintenis, hebt Kiel die besondere Sensibilität der Künstlerin für deren Blick auf die Kreatürlichkeit von Menschen und Tieren hervor: »Ein sich Abwenden von der eigenen Gestalt, Sintenis hat nie wieder eine weibliche Figur geschaffen, sie hat sich endgültig dem Paradies der Tiere verschrieben, sie hat Menschen dargestellt, die wie die Tiere spielen und wie sie Herr ihrer Körper sind«.[13]

Im Berliner Rembrandt-Verlag, der das Buch über Renée Sintenis veröffentlichte, erschienen in den 1930er Jahren dann auch die meisten der literarischen Texte von Hanna Kiel,[14] von denen die Erzählung *Uta von Naumburg* aus dem Jahr 1936 am

---

12 Vgl. dazu die Darstellung von Henrike Haug, »Hanna Kiel (1898–1988). ›Ich halte für Italienisches die Augen offen‹«, https://dialogemb.hypotheses.org/2241, 2023.

13 Hanna Kiel, *Renée Sintenis,* Berlin 1935, S. 28. Das Buch wurde 1956 neu aufgelegt, wo der Satz auf S. 30 leicht verändert endet: »und sie hat fortan Menschen in Bewegung dargestellt, die wie Tiere …«.

14 1936: *Uta von Naumburg* (Erzählung); 1936: *Wir sind schon drei* (Roman); 1937: *Siebenstern* (Erzählung); 1938: *Aller Tage Abend* (Erzählung); 1940: *Ein Kranz von Mais* (Erzählung); 1940: *Des Menschen Herrlichkeit* (Roman), Neuauflage 1960.

bekanntesten sein dürfte, weil sie ein Thema behandelte, das dem Interesse am deutschen Mittelalter entgegenkam.[15]

Motiviert durch ihre Beziehung zu Italien, bemühte sich Hanna Kiel in den 1930er Jahren, ihre literarischen Texte übersetzen zu lassen. In Briefen an die russisch-italienische Autorin Olga Signorelli (1883–1973) erwähnte sie Kontakte zu dem Übersetzer Alberto Spaini (1882–1975). Signorelli, deren Eleonora Duse-Biografie Kiel ins Deutsche übersetzte, schrieb sie 1938 auch, dass sie Deutschland verlassen wollte und dass sie versuchte, nach Amerika zu kommen. Dies gelang ihr allerdings nicht.[16] 1939 bekam Hanna Kiel stattdessen die Möglichkeit zu einem Forschungsaufenthalt in Florenz. Auf die Umstände ging Hanna Kiel in dem Brief aus dem Jahr 1983 an ihre Cousine ein, in dem sie auch die Hilfe von Johannes Weyl, dem Leiter des Propyläenverlags, »Antinazi« und späterer Leiter des Südverlags, erwähnte.[17]

---

15 Dass sie dennoch als Literatin keinen Durchbruch erzielt hat, darüber klagte sie in einem Brief an Hans Purrmann, in dem sie einen recht pessimistischen Blick auf die Rezeption ihrer literarischen Texte insgesamt wirft: »Ich habe ja Pech mit meinen Büchern und meinem Schrifttum. Es sieht fast so aus, als hätte ich nie – im bildlichen Sinne die Feder in der Hand gehalten. […] Nur die auf Bestellung geschriebene ›Uta von Naumburg‹, von der ich gar nichts halte und die ich nie wieder hätte auflegen lassen, erscheint munter weiter. […] Alle anderen, viel besseren Sachen sind in der Versenkung verschwunden«. Hanna Kiel an Hans Purrmann, Brief vom 11.10.1950. Der Brief befindet sich im Purrmann Archiv München.

16 Hanna Kiel an Olga Signorelli am 19.10.1938; der Brief befindet sich im Archiv des *Istituto per il Teatro e il Melodramma*. Fondazione CINI Venedig.

17 Johannes Weyl hatte auch Raimund Pretzell, der später als Sebastian Haffner berühmt wurde, einen Verlagsauftrag für Großbritannien vermittelt – wohl wissend, dass letzterer nicht mehr zurückzukehren gedachte. Vgl. dazu Manfred Bosch, *Zeit der schönen Not. Die Anfangsjahre des Südverlags*, Konstanz 2009, S. 50 und 66.

Einmal in Florenz, wohnte sie bis Anfang der 1960er Jahre auf den Hügeln der Stadt, in San Domenico in unmittelbarer Nähe von Fiesole, und zwar in der *Villa Le Palazzine*, dem Ort des von ihr beschriebenen Geschehens.

In dieser ersten Zeit war das Kunsthistorische Institut in Florenz, damals noch im Palazzo Guadagni in der Piazza Santo Spirito, wohl ihre wichtigste Anlaufstelle; mit Friedrich Kriegbaum, dem damaligen Direktor des Kunsthistorischen Instituts, scheint sie eng befreundet gewesen zu sein.[18]

Ein weiterer wichtiger Gesprächspartner wurde Hans Purrmann, der damalige Direktor der Villa Romana[19], einer Residenz für deutsche Künstlerinnen und Künstler in Florenz. Das Gebäude aus dem Jahr 1860 in der Via Romana war 1905 vom Deutschen Künstlerbund gekauft worden, unter maßgeblicher finanzieller Beteiligung des Bildhauers Max Klinger. 1905 wurde schon der Villa-Romana-Preis (der älteste Kunstpreis Deutschlands) ausgelobt, die Preisträgerinnen und Preisträger erhielten ein Stipendium und wurden in der dafür umgestalteten Villa untergebracht. Die ersten waren 1905 Georg Kolbe, 1906 Max Beckmann und Käthe Kollwitz. Von Anfang an gab es aber eine nicht nur auf Deutschland gerichtete, son-

---

18 Das wird aus der Darstellung von Tutaev (s. o.) und im Vorwort von Paolo Paoletti deutlich. Friedrich Kriegbaum, geboren 1901 in Nürnberg, kam am 29.9.1943 bei einem Bombenangriff der Alliierten auf Florenz um. Hanna Kiel hatte einen Nachruf geschrieben, der in der Zeitschrift *Signal* (s. u.) sowohl auf Deutsch (»Künder des Cinquecento«, 1944, Heft 15, S. 25 f.) als auch auf Italienisch (»Da Norimberga a Firenze«, 1944, Heft 8, S. 26 f.) veröffentlicht wurde.

19 Die Geschichte der Villa Romana unter der Leitung von Hans Purrmann ist ausführlich dokumentiert worden von Philipp Kuhn, *Refugium Villa Romana. Hans Purrmann in Florenz 1935–1943.* Berlin 2019.

dern eine pan-europäische Orientierung und dadurch unterschied sich die Villa Romana von der Villa Massimo in Rom. Diese kulturelle Perspektive war Hanna Kiel durch ihre Erfahrungen bei *Genius* und die Zusammenarbeit mit Kurt Wolff vertraut und sie teilte sie.

Mitten in den politischen Kämpfen um die Erhaltung der Freiheit der Kunst 1933/34 in Berlin wurde Hans Purrmann als Leiter berufen und es gelang ihm, die Villa als Rückzugsort für freien künstlerischen Ausdruck zu erhalten. Florenz bot in dieser Zeit noch einen – wenn auch prekären – Schutz für Künstlerinnen und Künstler und Intellektuelle aus Deutschland.[20] Purrmann sammelte Gleichgesinnte um sich. Zu ihnen gehörten außer Hanna Kiel und Friedrich Kriegbaum auch der deutsche Konsul Gerhard Wolf. Wolf, Purrmann und Friedrich Kriegbaum als Direktor des Kunsthistorischen Instituts versuchten in diesen Jahren, dem Druck der Nationalsozialisten in ihren Institutionen nicht nachzugeben, was eine schwierige Gratwanderung war.

Das dürfte auch für Hanna Kiels Mitarbeit an der Zeitschrift *Signal* zutreffen, einer Auslandsillustrierten im Zweiten Weltkrieg, die der Wehrmacht unterstellt war und Propaganda für Deutschland, seine Kultur und Errungenschaften machen sollte. Hanna Kiel war eine der wenigen Frauen, die in *Signal* zunächst Übersetzungen aus dem Italienischen, dann auch eigene literarische Texte veröffentlichte (unter dem Chefredak-

20 Auch Purrmanns Freund, der Maler Rudolf Levy, zog 1940 nach Florenz, lebte teilweise versteckt, wurde aber im Dezember 1943 verhaftet und verstarb 1944 (wohl auf dem Transport nach Auschwitz). Vgl. Klaus Voigt, *Zuflucht auf Widerruf – Exil in Italien 1933–1945*, Stuttgart 1993.

teur Wilhelm Reetz). Sie versuchte, Kontakte zu italienischen Autoren anzubahnen, z. B. auch zu Luigi Salvatorelli (1886-1975), einen katholischen Intellektuellen, der sich kritisch mit dem Faschismus auseinandersetzte. Rainer Rutz führt in seiner Studie zur Zeitschrift aus, dass bei *Signal* viele »namhafte Autoren, Fotografen und Zeichner [...], hochkarätige ›Spitzenkräfte des deutschen Bildjournalismus‹«[21] beteiligt waren und »dass die Redaktion mehr und mehr zu einer Art verlagsinterner Versorgungseinrichtung für die wertvollsten Mitarbeiter eingestellter Zeitungen und Zeitschriften wurde, eine Zufluchtsstätte vor der drohenden Einberufung«. Das trifft auch für den Lyriker Ludwig Ernst Reindl (1899-1983) zu, den langjährigen Chefredakteur der im Februar 1943 eingestellten Frauenzeitschrift *Die Dame*, mit dem Hanna Kiel schon seit Mitte der 1920er Jahren befreundet war, und der ihr zusammen mit Johannes Weyl half, das Stipendium in Florenz zu bekommen.[22]

In den Interviews, die Hanna Kiel nach dem Krieg in den 1970er Jahren gegeben hat, betonte sie, dass sie zwar in der Zeit bis 1944 immer wieder auch Kontakte mit deutschen Nationalsozialisten hatte, aber an ihrer kritischen Haltung zum National-

---

21 Reiner Rutz, *Signal. Eine deutsche Auslandsillustrierte als Propagandainstrument im Zweiten Weltkrieg.* Essen 2007, S. 148 und S. 154; vgl. auch: »Based on the layout of LIFE, Signal utilized an exceptionally modern blend of articles and pictures. It was lavishly illustrated, including full-page color plates. Outfitted with an elite of staff authors and war correspondents, and partly independent from the rigid censorship of Goebbels' Propaganda Ministry, Signal quickly established itself as the number one propaganda publication in wartime Europe«. https://signalmagazine.com/signal.htm.

22 Persönliche Kommunikation von Christian Reindl (Sohn von Ludwig Ernst Reindl).

sozialismus keinen Zweifel ließ.[23] Auch ihre Freundschaft mit dem Konsul Gerhard Wolf, dem die Stadt Florenz 1955 aus Dankbarkeit dafür, dass er Denkmäler und auch Verfolgte (wie etwa Berenson) geschützt hatte, die Ehrenbürgerrechte der Stadt verliehen hatte, spricht dafür. Dass politisches Engagement und persönliche Lebenswelt in dieser Zeit verknüpft waren, zeigen die Erinnerungen von Dino Vettori, der als Militärinternierter Briefe seiner Cousine aus Florenz in einem Lager bekam, weil diese durch die Hände von Hanna Kiel ins Konsulat gelangten.[24]

---

23 Vgl. die Darstellung bei Tutaev (1967) und Doni (2005 ), Hanna Kiel »[…] conobbe il futuro comandante delle SS in Italia, Karl Wolff, dimostrando tuttavia sempre apertamente il suo disprezzo per l'ideologia nazista«, in: «Arte ed Editoria: presenze femminili intorno a Villa I Tatti tra le due guerre, S. 233 [Hanna Kiel […] lernte den späteren Komandanten der SS in Italien, Karl Wolff, kennen, zeigte aber dennoch immer offen ihre Verachtung für die nationalsozialistische Ideologie], in: Maria Chiara Mocali und Claudia Vitale, (ed.), *Cultura tedesca a Firenze. Scrittrici e artiste tra Otto e Novecento,* Firenze (Le Lettere), S. 217–233; vgl. auch in der Klaus-Mann-Schriftenreihe, hrsg. von Frederic Kroll, Hannover 1996, S. 130: »Hanna Kiel selbst behauptet, sie und ihre Freunde hätten der Tarnung halber so getan, als wären sie Faschisten, hätten aber in Wirklichkeit Antifaschisten geholfen und während des Krieges Partisanen versteckt. Mit den im August 1944 vorrückenden Engländern hätten sie sich auch vorzüglich verstanden, doch die Engländer seien von den Deutschen zurückgetrieben worden. Später hätten die amerikanischen Truppen ihre frühere profaschistischen Tarnung ernstgenommen und sie in ein Internierungslager gesteckt.« Ihre Freundschaft mit Kunsthistoriker Friedrich Kriegbaum und dem Konsul Wolf würde diese Aussage bestätigen.

24 Dino Vettori war damals Unteroffizier und ab September 1943 als Militärinternierter in Deutschland, anschließend in Polen. Seine Geschichte ist dokumentiert in Luana Collocchioni, *Dino Vittori. Dalla resistenza senz'armi all'impegno associativo.* Roma 2020, S. 190 f.: »[…] ich hatte das Glück fünf oder sechs normale Briefe aus Florenz zu erhalten, die mir meine Cousine durch das deutsche Konsulat schickte. Lina Geri [die Cousine] war die Direktrice der bekannten Schneiderei ›Galardi‹, zu deren Kunden auch der deutsche Konsul von Florenz gehörte, und war auch eine gute Freundin von Dr. Hanna Kiel, die im Konsulat angestellt war. Dank dieser Beziehungen konnte ich einige Briefe erhalten, allerdings nur bis zum Juni 1944, als der Konsul die Stadt verließ« (Übersetzung aus dem Italienischen von mir.)

Wie aus ihrem Text hervorgeht, hatte sich Hanna Kiel nach ihrer Flucht aus der Villa in Florenz bei Freunden versteckt und kam nach dem 2. September 1944 wieder nach Fiesole in ein verwüstetes Haus zurück. Schon am 10. Oktober 1944 wurde sie von Klaus Mann besucht, der als amerikanischer Soldat in Florenz stationiert war. Klaus Mann kam in den folgenden Monaten regelmäßig zur Villa, bis er Kiel am 1. Februar 1945 nicht antraf und notierte: »Evening with Ripper: to see Hanna Kiel (who has been arrested)«[25]. Der Historiker Paolo Paoletti schrieb dazu 1986 in der Einleitung zur italienischen Übersetzung der *Schlacht um den Hügel*, jemand (»eine übereifrige und wenig informierte Person«) habe sie wohl als Spionin denunziert.[26] Der Verdacht wurde nicht bestätigt, Hanna Kiel nach kurzer Zeit aus einem Lager entlassen.

Hanna Kiel war nach 1943 in Italien geblieben, obwohl die deutsche Zivilbevölkerung nach dem Waffenstillstand von deutscher Seite aufgefordert worden war, das Land zu verlassen. Dass die deutsche Sprache bei der Vermittlung zwischen der Bevölkerung und der Wehrmacht helfen konnte, zeigt sich auch an der Figur des Tiroler Studenten im Text *Die Schlacht um den Hügel.* Doch bei Fremdsprachen wurde Verdacht geschöpft. Deutsch war die Sprache der Feinde, konnte nützlich sein, aber auch fremd und gefährlich. Andererseits wurde, wer Englisch sprach, verdächtigt, ein »Tommy« oder Partisan zu sein. Die im Text beschriebene Nonne mit männlichen Zü-

---

25 Klaus Mann, *Tagebücher 1944 bis 1949,* München 1991, S. 74.

26 Paolo Paoletti, Einleitung zu Hanna Kiel, *La Battaglia della Collina. Fiesole – una Cronaca dell'Agosto 1944* (übersetzt aus dem Deutschen ins Italienische von Paolo Paoletti), Florenz 1986, S. 5.

*Hanna Kiel mit Bernard Berenson, 1956*

gen in Fontelucente musste Italienisch sprechen, damit man heraushören konnte, woher sie kam. Der Wachsoldat, der auf Hanna Kiel aufpassen sollte, wollte hingegen Italienisch lernen, um zu fraternisieren. So fließt das Italienische immer wieder in den Text ein, aber es wirkt nicht wie Lokalkolorit, sondern wie eine akustische Spur der Erinnerung, die zur Authentizität der Dialoge beiträgt.

Nach dem Krieg war Hanna Kiel bis zu ihrem Tod verstärkt in der *Villa I Tatti* in Settignano bei Florenz an der Seite des amerikanischen Kunsthistorikers Bernard Berenson tätig. Berenson, selbst jüdischen Ursprungs und in Litauen geboren, hatte mit seiner Frau Mary seit Anfang des 20. Jahrhunderts dort einen Treffpunkt internationaler Intellektueller und Künstlerinnen und Künstler geschaffen (heute Forschungszentrum der Universität Harvard, Boston US). In diesem internationalen Kreis konnte Hanna Kiel als Übersetzerin ins Deutsche und Englische und als Herausgeberin ihre Kompetenzen gut einbringen. Auch das Kunsthistorische Institut Florenz blieb weiterhin ein wichtiger Bezugspunkt für sie, davon zeugen die vielen Ausstellungberichte und Rezensionen, die sie in der »Internationalen Zeitschrift für Kunst Pantheon« veröffentlicht hat.

Sie unterhielt weiter Kontakte zur Familie Mann, traf Elisabeth Mann-Borgese, als diese nach dem Krieg mit ihrer Familie in Fiesole wohnte und sah auch Katja und Golo Mann bei dem Verleger Fischer – wahrscheinlich in dessen Villa in Camaiore. Auch der bekannte Philosoph und Kommunikationswissenschaftler Ernst von Glasersfeld gehörte zu ihrem Bekanntenkreis; sie traf ihn, u. a. bei Berenson, in Florenz und zusammen mit seiner Frau Isabel reisten sie durch Italien[27].

Hanna Kiel berichtete in den 1950er und 1960er Jahren in deutschsprachigen Zeitschriften wie *DU* und in den Merian-Heften über Italien. Hervorzuheben sind vor allem ihre Bemühungen, die zeitgenössische italienische Literatur an deutsche Verlage zu vermitteln[28] und zu übersetzen, wie die Sammlung

---

27 In seinen Memoiren beschreibt Glasersfeld Hanna Kiel, die inzwischen nach Settignano in die Nähe der Villa I Tatti umgezogen war und unterstreicht: »Als die Nazis in Italien einmarschierten, war sie eine der Handvoll Leute, denen es gelang, Berenson zu verstecken und während der gesamten Besatzungszeit gesund zu erhalten« (Ernst von Glasersfeld, *Unverbindliche Erinnerungen: Skizzen aus einem fernen Leben,* Wien, Bozen 2008, S. 158). In der englischen Version seiner Memoiren, *Partial Memory: Sketches from an Improbable Life.* Charlottesville 2009, berichtet er auch über die Reisen mit Hanna Kiel.

28 siehe Henrike Haug, »Hanna Kiel (1898–1988). ›Ich halte für Italienisches die Augen offen‹«, https://dialogemb.hypotheses.org/2241, 2023.

»Italien erzählt« beweist, für die sie verantwortlich war[29], mit Texten von vielen wichtigen italienischen Nachkriegsautoren, u. a. von Bassani, Calvino und Gadda.

Seit den 1960er Jahren war Hanna Kiel mit dem Baron Hans Heinrich von Thyssen bekannt. Thyssen hatte Hanna Kiel durch den Florentiner Galeristen Marco Grassi kennengelernt und sie hatte auf dessen Anraten den Katalog der Sammlung moderner Malerei kuratiert (obwohl ihr Name ungenannt bleibt)[30]. Der Kontakt zu Thyssen blieb auch danach aufrecht, sie half bei der Katalogisierung der Werke und war mehrfach in der Thyssen'schen Villa Favorita in Castagnola bei Lugano zu Gast. Hanna Kiel, die selbst Restaurierungen von Gemälden in den Uffizien finanzierte (z. B. Ambrogio Lorenzettis *Presentazione al tempio*) und dafür 1986 als Anerkennung von der Stadt den *Fiorino d'oro* (den *Florentiner*, eine Goldmünze) erhielt, hat wohl auch dazu beigetragen, dass Thyssen einen bedeutenden finanziellen Beitrag zur Restaurierung des Klosters von San Marco in Florenz gegeben hat. Er stiftete für das Forschungsinstitut *Villa I Tatti* eine Hanna Kiel gewidmete Fellowship und unterstützte sie in ihren letzten Lebensjahren.

Als Autorin ist Hanna Kiel vollkommen vergessen und ihre Texte sind kaum zu finden. Dies trifft besonders auf den autobiografischen Text *Die Schlacht um den Hügel* zu. 1947 nahm ihn der Südverlag in Konstanz unter Vertrag und kündigte ihn unter dem Titel »Florentiner Tagebuch« in der Zeitschrift *Vi-*

29 *Italien erzählt. Elf Erzählungen,* hrsg. von Hanna Kiel, Frankfurt am Main 1962.
30 Persönliche Informationen von Marco Grassi.

*sion* des Verlags an, er wurde jedoch –»weil zu antideutsch«[31] – nicht gedruckt. 1954 erschienen Ausschnitte in der Zeitschrift *DU* unter eben diesem Titel in der Schweiz. In den 1970er Jahren war Hanna Kiel wegen einer Veröffentlichung mit dem Kunsthistoriker Detlef Heikamp im Gespräch und hat den Text noch einmal überarbeitet, wollte ihn auch ins Englische übersetzen – auch dazu ist es nicht gekommen. Zu Beginn der 1980er Jahren übersetzte dann Paolo Paoletti den Text ins Italienische, er erschien 1986 unter dem Titel *La battaglia della collina. Fiesole – una cronaca dell'agosto 1944*. Paoletti hatte der Übersetzung im Anhang eine ausführliche Rekonstruktion der historischen Ereignisse beigefügt.[32]

In dieser italienischen Version habe ich den Text Anfang der 1990er Jahre gelesen. Auf der Suche nach dem deutschen Original habe ich schließlich vom Übersetzer den von Hanna Kiel noch einmal überarbeiteten Originaltext[33] erhalten. Er bildet die Grundlage für diese Edition, bei der leichte Eingriffe in Bezug auf Rechtschreibung und Absatzbildung vorgenommen wurden.

---

31 Vgl. Manfred Bosch, a. a. O., S. 383.

32 In seinem Anhang (S. 125) weist Paoletti u. a. darauf hin, dass Kiel im Text von Dingen erzählt, die vorwegnahmen, was erst später durch historische Forschung belegt wurden, wie z. B. die Erwähnung des schwarzen Bands mit der Aufschrift ›Kreta‹ an den Armen der Soldaten, was zeigte, dass einige der Soldaten in Fiesole bei der Luftlandeoperation auf Kreta beteiligt gewesen waren.

33 Die Überarbeitung bestand in einer leichten Anpassung an das Deutsch der 1970er Jahre.

Dieser bisher auf Deutsch noch nicht veröffentlichte Text ist ein literarisches Zeugnis eigener Qualität. Die besondere Perspektive einer Deutschen auf den Kriegsalltag in Italien ist einzigartig. Sie zeigt, wie eine Frau in einer Kriegssituation die Augen offenhält, nicht untergeht und – trotz der bedrängenden Ereignisse – die Worte dafür findet. *Die Schlacht um den Hügel* stellt deshalb sowohl biografisch als auch literarisch einen Wendepunkt in Hanna Kiels Leben dar. Die Sprache ist direkter, wie befreit von einem ›hohen Ton‹, der in früheren Texten, wie z. B. in der Erzählung »Uta von Naumburg« und dem Roman »Wir sind schon drei«, beide im Jahr 1936 erschienen, anklang. Man spürt nun die Dringlichkeit der Erfahrung. Wie wichtig ihr gerade dieser Text war, beschreibt sie in einem Brief an Hans Purrmann vom 19. November 1945:

»Ferner habe ich soeben mein Dokumentarbuch über die Schlacht auf dem Hügel begonnen. Jetzt erst, werden Sie denken und es schwer fassen, dass man für mehr als ein Jahr so völlig verstummen kann. Aber was ich erlebte, war in jeder Hinsicht so überdramatisch und jenseits alles normalen Geschehens, dass es Zeit braucht, sich wieder zurechtzufinden. Es war ja nicht nur ein unheimlicher Fund im Kleiderschrank, jede Schublade war vermint, jedes Feld im Podere. […] Die Terrasse war Hauptfrontlinie, Todesbedrohung und Flucht, ein hungriger Winter ohne Licht und Wasser bis zum Heilig Abend, dann […] einhalbmonatig krank zu Bett […]«.[34]

34 Hanna Kiel an Hans Purrmann, Brief vom 19.10.1945. Der Brief befindet sich im Purrmann Archiv München.

Auch Konsul Wolf, mit dem Hanna Kiel nach dem Krieg wieder in brieflichem Kontakt stand, äußerte sich zu dem Text und reflektierte dabei über die schwierige Position des ›Dazwischen-Seins‹, die er auch erlebt hat:

»Ich freue mich, dass Sie die »Schlacht um den Hügel«, die Chronik der Fiesolaner Schreckenstage, geschrieben haben und ich bin sehr gespannt darauf, sie eines Tages lesen zu dürfen. [...] wenn plötzlich das grauenhafte Ungewitter des Krieges über die geliebten, friedlich-stillen Hügel von Fiesole niedergeht, so verstehe und teile ich Ihren Hass gegen die Urheber alles Übels« [sic!].

Wie sehr ihn die Ereignisse erschüttert haben, zeigt sich am Ende des Briefs:

»Ich war selbst, obwohl ich nur vereinzelte Nachrichten über die Ereignisse in Florenz zusammentragen konnte, wochenlang von wildem Hass gegen unsere Soldaten geschüttelt, der sich schliesslich in hohem Fieber auslöste [...] Doch ich möchte keine alten Wunden aufreissen und zuerst Ihre Darstellung der Ereignisse kennen lernen. Die Erfahrung hat mich jedenfalls inzwischen gelehrt, dass in allen Völkern die Bestie schlummert, es fragt sich nur, ob man sie weckt und wie weit man ihr den Käfig öffnet.«[35]

Noch heute zieht es Menschen auf die Hügel von Fiesole. Sie blicken auf Florenz und genießen ein Panorama, dass seit Jahrhunderten trotz aller Modernisierung in seiner Verbindung

---

35 Gerhard Wolf am 4.2.1947 an Hanna Kiel. Der Brief befindet sich im Archiv des Deutschen Historischen Instituts Rom.

zwischen Natur und menschlicher Gestaltung nahezu unverändert geblieben ist. Für den Oberfähnrich im Text war es der ideale Ort, um von hier aus Florenz in Schutt und Asche zu legen. Der Feldwebel träumte davon, hier zwei Wochen sitzen und noch einmal deutsche Klassiker lesen zu können. Hanna Kiel, die dort lebte, schrieb: »Ich will in Erde begraben werden, in dieser trockenen Toskaner Erde, hier auf diesem Hügel, nicht zwischen Zypressen, unter Reben muss es sein, unter den zähen, dürren, mageren Ranken, aus denen Wein wächst. Blut ist sicherlich ein guter Dünger für Wein«.

Nach diesem Text, der *Schlacht um den Hügel*, hat Hanna Kiel keine eigenen literarischen Texte mehr geschrieben. Ihr Leben war ein Spiegelbild komplexer Situationen voller Widersprüche. Es gibt nur wenige Aufzeichnungen, in Dokumenten aus Archiven kommt sie selten vor. Das, was aus den wenigen Unterlagen aufscheint, zeigt Kiels Versuche, sich in den politisch schwierigen Zeiten durchzuschlagen, was immer auch mit Kompromissen verbunden war. Ihr Lebensweg war von existenziellen, finanziellen und kulturellen Schwierigkeiten, von Brüchen und Neuanfängen gekennzeichnet. Durch ihre Emigration konnte sie sich der Situation in Deutschland entziehen, in Italien waren jedoch sprachliche und kulturelle Anpassungsleistungen erforderlich, die unter anderem auch zu einer Umorientierung ihres Schreibens weg von der Literatur in Richtung Essays und Übersetzungen führten.

Auch die persönlichen Beziehungen blieben nicht immer stabil, es kam zu Missverständnissen und Trennungen. In

*Hanna Kiel, 1983*

einem Brief an den Germanisten Klaus Täubert schrieb Hanna Kiel 1977 beispielsweise über die Begegnung mit Klaus Mann: »Dann erschien eines Tages überraschend in der von mir bewohnten Villa in San Domenico Klaus in Uniform mit einem Paket mit Liebesgaben. Erklärte zögernd, ob es wohl noch eine Verständigung gäbe zwischen denen, die zur Zeit auswandern konnten und denen, die das verschoben. (Ich war ja nicht eine Tochter von Thomas Mann und ohne nahe Verwandte). Nachdem ich ihm von meinen Erlebnissen berichtete, war die Verbindung wieder hergestellt.«[36]

Doch blieb wohl auch von Hanna Kiel vieles unausgesprochen bzw. wurde nur angedeutet. Paolo Paoletti, der sie noch persönlich kennengelernt hatte, beschrieb sie als »schiva«, d. h. sehr zurückhaltend.

Hanna Kiel war in Deutschland und Italien mit vielen renommierten und einflussreichen Menschen ihrer Zeit in Kontakt, sogar befreundet. Sie blieb jedoch meist in deren Schatten, auch wenn sie – wie etwa im Fall von Berenson – für diese arbeitete und nützlich war. Sie war in den kulturellen Netzwerken ihrer Zeit meistens allein, musste für sich selbst sorgen und konnte nicht auf einen familiären oder finanziellen Hintergrund zählen, der sie stützte. Ihre Reisen und die Emigration nach Italien zeigen die Beweglichkeit, ihre Fähigkeit, ihre Kenntnisse fruchtbar zu machen, aber auch die Notwendigkeit, sich in Umbruchszeiten immer wieder neu zu orientieren, sich teils auch anzupassen und dennoch den eigenen Weg zu finden. Auch unter diesem Gesichtspunkt war Hanna Kiel eine moderne Frau. 1988 verstarb sie im Alter von 94 Jahren in einem Heim in Florenz und wurde in Fiesole begraben.

*Eva-Maria Thüne*

---

36 Brief von Hanna Kiel an Klaus Täubert vom 27.9.1977 im Franz-Michael-Felder-Archiv (Bregenz) Vorlass Manfred Bosch, siehe https://kalliope-verbund.info/DE-611-HS-3847268.

# Die Herausgeberin

Eva-Maria Thüne hat Germanistik und Philosophie in Deutschland studiert und ist Professorin für Deutsche Sprache und Sprachwissenschaft an der Universität Bologna.

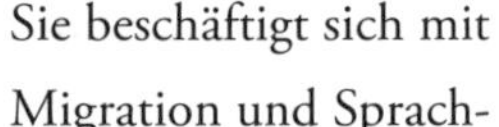

Sie beschäftigt sich mit Migration und Sprachbiografien und hat Interviews mit Menschen geführt, die als Kinder aus Nazi-Deutschland nach Großbritannien fliehen konnten (*Gerettet. Berichte von Kindertransport und Auswanderung nach Großbritannien*, Berlin und Leipzig 2019).

# Bildnachweise

Vorsatz/Nachsatz: Karte »Umgebung von Florenz« aus: Grieben Reiseführer Band 121: Florenz und Umgebung. 11. Auflage, Berlin 1938

S. 2: Die Dame, 1937, Heft 4, Fotograf:in unbekannt

S. 6, 122, 133, 135, 158: historische Ansichtskarten aus dem Verlagsarchiv

S. 126: Grieben Reiseführer Band 121: Florenz und Umgebung. 11. Auflage, Berlin 1938, S. 94

S. 128: © Eva-Maria Thüne

S. 139: Staatliche Museen zu Berlin, Nationalgalerie/ Andres Kilger

S. 147: © Archivio Foto Locchi

S. 154: © Archiv Villa I Tatti

S. 156: © Bert Strebe

*San Francesco*

Leseproben und weitere Informationen über unser Verlagsprogramm finden Sie unter www.aviva-verlag.de

Umschlagbild: Blick auf Fiesole.
Historische Postkarte aus dem Verlagsarchiv

Mit freundlicher Genehmigung von Margarita Dane

Korrektorat: Simone Hausdorf
Layout und Satz: Kerstin Weber
Druck: Printfinder SIA
Printed in Europe



1. Auflage 2024

AvivA Britta Jürgs GmbH
Emdener Str. 33, 10551 Berlin
info@aviva-verlag.de
www.aviva-verlag.de

ISBN 978-3-949302-23-7

il Cantone
V. Reale di Castello
V. Reale
V. di Quarto
la Petraia
Castello
C. Nuova
V. Santoni
V. Corsini
Castello di sotto
Quarto
Stradella
V. Orsini
R.º Istit.º della Quiete
P. Martelli
S. Caterina
C. Fossi
il Sodo
il Meriggi
le Due Case
V. Masi
T. Terzolle
C. delle Monache
C. Nuova
Macia
il Lippi
le Panche
V. Guicciardini
l'Olmatello
Cimit.
S. Stefano in Pane
Carraia
V. Rosselli
V. Carobbi
Peretola
Novoli
Ponte a Rifredi
S. Cristofano
S. Maria
Beatrice
Torre degli Agli
Fab.
le Macine
Pal.zo Bruciato
V. Ricci
S. Donato
il Romito
Ippodr.
T. Mugnone
Macelli
Barr.ra del Romito
S. Jacopino
le Cure
il Palazzo
Asilo Mortuario
Sardigna vec.ta
Ippodromo
Arno
le Cascine
C. Torcicoda
V. Pieralli
Poderaccio
C. Rosati
le Torri
C. Masi
la Querce
Pignone
Monticelli
M. Uliveto
S. Quirico
Legnaia
Cimit.º Israel.co
C. Rosati
Olivuzzo
S. Vito
C. Pintucci
V. Casanova
il Làstrico
V. Artimini
Bellosguardo
S. Franc.º
l'Ombrellino
Torre
C. Fornace
Cimitero della Misericordia
Soffiano
Boboli
le Porte
V. Tolomei
Conv.to
S. Maria
V. Mantelli
V. Ranuzzi
Bobolino
V. Morelli
V. Brogi
V. Fossi
S. Ilario
Torre Galli
V. Càmpora
V. Orvieto
V. Farinola
V. Ridolfi
V. Romana
S. Gaggio
V. Carlevaris
le Pèrgole
Conv.to S. Leone
Gelsomino
V. Petrilli
Santa Maria
Staz.e

V. Terzollina
Terzollina
Trespiano
Fiorale
T.re del Farnese
Bulli
il Barga
Pian di Mugnone
V. Speer
V. Salvini
V. Pesci
il Perrazzo
Conv.to Concezione
della Torre
M. Rinaldi
V. Gattai
Ricorbico
V. Montepiano
V. il Pino
V. Monti
Ruote
V. Bardi
le Pergole
Lastra
S. Francesco
Fiesole
V. Carrega
Montaltuzzo
V. Pampaloni
Borgunto
il Trionfo
Rondinelli
Pte alla Badia
Della Ripa
V. Salviati
V. Doccia
la Loggia
la Badia
V. Colini
V. Berry
V. Ricciardi
V. Gallotti
M. Ceceri
S. Domenico
V. Böcklin
V. Landau
Ciacchi
Saint Pierre
la Pietra
V. Lander
Pod.e Mo
Lappo
V. Palmieri
il Palagio
V. Natalia
V. Capponi
Mugnone
V. Peratoner
il Giardino
V. Bondi
il Ciliegio
Marmigliano
Majan
il Pellegrino
Fabbricotti
S. Marco Vecchio
V. Baldi
Camerata
V. Maccarani
V. Fontallerta
Salviatino
V. la Querce
V. Montalto
Cento Stelle
S. Gervasio
S. Maria
V. Norsa
Stadio Berta
Campo di Marte
Malcantone
Coverciano
V. Bianca
RENZE
il Collegio
Conservat.o Capponi
V. dei Pilastri
Romanelli
S. Salvi
V. Pratellino
Manicomio
V. Maria
il Prato
Varlungo
Arno
Piazz.le Michelangelo
Pod.e Fossombroni
Quercioli
Ricorboli
S. Salvatore
S. Miniato
M. alle Croci
V. Piccolomini
V. Antinori
V. Medici
Ruscìano
S. Piero in Palco
le Lame
Speddluzzo
Badia a Ripoli
Giramonte
V. Picalbo
Bandino
S. Margherita
Pod.e Torre
il Paradiso
Torre del Gallo
V. Castelvecchio
Gamberaia
V. Larione
Arcetri
il Prato
S. Marcellino
V. Nistri